海派商业文化丛书
上海商学院学术专著出版基金支持

从传统零售到新零售

上海零售业的百年变迁

孙 迪 ◎ 著

上海科学技术文献出版社
Shanghai Scientific and Technological Literature Press

图书在版编目（CIP）数据

从传统零售到新零售：上海零售业的百年变迁 / 孙迪著. —上海：上海科学技术文献出版社，2022
 ISBN 978-7-5439-8616-9

Ⅰ.①从… Ⅱ.①孙… Ⅲ.①零售业－商业史－研究－上海 Ⅳ.① F724.2

中国版本图书馆 CIP 数据核字 (2022) 第 105162 号

责任编辑：李 莺　付婷婷
封面设计：张琳洁

从传统零售到新零售：上海零售业的百年变迁
CONG CHUANTONG LINGSHOU DAO XIN LINGSHOU: SHANGHAI LINGSHOUYE DE BAINIAN BIANQIAN
孙 迪 著
出版发行：上海科学技术文献出版社
地　　址：上海市长乐路 746 号
邮政编码：200040
经　　销：全国新华书店
印　　刷：常熟市人民印刷有限公司
开　　本：720mm×1000mm　1/16
印　　张：10.25
字　　数：170 000
版　　次：2022 年 6 月第 1 版　2022 年 6 月第 1 次印刷
书　　号：ISBN 978-7-5439-8616-9
定　　价：68.00 元
http://www.sstlp.com

前言

商业是市场需求不断升级的产物,也是推动社会进步的主要力量之一。古代上海因商而兴、以商立市,近代上海也因商而崛起。开埠后的上海租界汇集了来自世界各地的商人,逐渐形成了杂糅多元的商业文化和移民文化,它们在与上海本地文化的相互交融中形成了海纳百川、兼容并蓄的海派文化。作为上海商业甚至是近代中国商业发展的一个缩影——上海零售业正是在这样的经济生态和文化环境下,一步步由传统零售业向现代零售业成长和发展。创新、接纳、勇敢的海派商业文化,使得上海在新零售时代出现了许多生动的实例,展示着多种新的零售形态和商业模式。百余年来,上海的零售业开创了太多的"全国第一",书写了一部极为生动且丰富的上海零售商业史。研究上海零售业的发展,是观察和研究上海商业发展乃至中国商业发展不可或缺的一个视角。

学习历史、研究历史能够更好地理解和把握面向未来的机遇。本书以上海商业发展史中具有标志性的业态——零售业为线索展开研究,以"大历史观"的视野全面梳理上海零售百年发展变迁史,回顾上海零售业的源起,探究上海零售业的传统商业模式和上海零售业的创新、转型与升级的全过程。具体地讲,就是要从上海商业的原始布局、上海近代商业的形成、远东第一商业街——南京路对老城厢商业旧格局的打破、新商业业态的出现开始,探索上海商业的起源。接下来,以互联网技术和移动支付方式的出现作为分水岭,分别探讨上海的传统零售和网络零售。以近代上海零售业演变的视角,探讨传统零售业的方方面面,研究上海杂货店业态、小百货零售业、洋商百货公司、华商百货公司和国货联营公司出现的时代背景、历史变迁以及零售企业经营管理的变革。

简而言之,在互联网技术、互联网思维出现以前,上海零售企业的变革和创新主要集中在产品创新、服务创新、营销创新、业态创新等方面。当互联网技术、互联网思维出现并普及以后,上海零售业的变革主要集中在商业模式的创新。此外,网络零售对商业渠道结构的改造降低了零售业的渠道成本,以"个性化服务""无地域性""低成本信息优势"等天然优势,赢得了巨大的发展空间。最重要的是,网络零售高速发展的一个很大的动因,来自互联网和移动互联网终端的大范围普及,网民数量的增加所带来的信息技术革命和用户增加的红利。但是,在网络零售发展至今的十余年间,因用户红利带来的需求增加的能量在不断释放中逐渐显露消耗殆尽的趋势,传统电商开始面临发展瓶颈,网络零售的竞争愈发激烈,商业利润逐渐向技术领先领域集中。

新零售在这时悄然出现并强势崛起,其以互联网为依托,通过运用大数据、人工智能等先进技术手段,对商品的生产、流通与销售过程进行升级改造,进而重塑业态结构与生态圈,深度融合线上服务、线下体验以及现代物流。[①] 从电子商务到线上线下全渠道零售、从团购模式到免费模式、从品类运营到单品运营,无不体现着以互联网思维为核心的新零售变革。

漫步在从传统零售到新零售演变的历史长河中,挖掘其背后的发展规律,有助于理解上海的城市精神和上海海派商业文化,也只有在历史中,才能更好地洞察上海零售业的发展现状,洞悉上海零售业未来的发展趋势,同时在全球经济一体化趋势的大环境中窥探中国零售业发展的新机遇。这对中国零售业的发展和商业企业的发展都具有实际的参考价值。

---

① 杜睿云,蒋侃. 新零售:内涵、发展动因与关键问题[J]. 价格理论与实践,2017(2):139-141.

目录

前　言 …………………………………………………………… 001

第一章　上海商业、海派商业文化和零售业的研究纵览 ………… 001
　第一节　上海商业和海派商业文化 ……………………………… 001
　第二节　近代上海的零售业 ……………………………………… 007
　第三节　传统零售和新零售 ……………………………………… 009

第二章　上海零售的源起 ………………………………………… 018
　第一节　近代上海商业的形成 …………………………………… 018
　第二节　上海的城市之根 ………………………………………… 024
　第三节　远东第一商业街 ………………………………………… 029

第三章　上海零售的传统商业业态 ……………………………… 036
　第一节　上海小百货零售业 ……………………………………… 036
　第二节　现代百货零售业的起源 ………………………………… 044
　第三节　零售企业经营管理的变革 ……………………………… 065
　第四节　私营零售业的社会主义改造 …………………………… 074
　第五节　上海国营零售公司的出现 ……………………………… 079

第四章　上海零售的创新、转型和升级 ·············· 085
第一节　上海零售的逐步市场化 ················ 086
第二节　上海老字号品牌的再创新 ················ 089
第三节　上海联华超市的转型升级 ················ 099
第四节　盒马鲜生的新零售样板 ················· 116
第五节　拼多多的新型商业模式 ················· 123

第五章　上海零售的未来 ······················ 130
第一节　上海零售业发展的整体情况 ··············· 130
第二节　上海零售业发展的政策环境 ··············· 136
第三节　上海零售业发展的未来畅想 ··············· 151

第一章 上海商业、海派商业文化和零售业的研究纵览

上海零售业是伴随近代上海商业的发展和上海海派文化的形成,一步步发展成熟的。1840年随着上海的开埠,上海零售业逐渐从传统零售向现代零售演变。随着互联网的普及和大数据、人工智能等先进技术手段的运用,以信息技术为核心的"新经济"时代的到来,零售业已大步跨入互联网零售新时代。毫无疑问,上海商业及商业文化是上海零售业发展最强大的业态环境和理解问题的语境基础。因此,在综述上海零售业的相关研究时,理应包括对上海商业和商业文化的探讨。本章将从上海商业和商业文化的一般研究、近代上海零售业的研究,以及传统零售和新零售的研究三个方面综述学者已有的相关研究成果。

第一节 上海商业和海派商业文化

在中华几千年的历史长河中,上海城市的历史并不算久远。上海自近代开始经济领域的崛起,在短短的半个多世纪的时间里,遵循市场的发展逻辑,走出了一条既不同于中国古代历史上以政治地位和权力中心为发展基础的城市发展道路,也不同于以坐拥军事要塞而发展起来的城市发展道路。上海依托江海之便利,走出了一条单纯以经济繁荣著称的城市发展道路。上海这座"魔都"引起了国内外学者们的关注。美国学者罗兹·墨菲在研究上海近代史时将上海喻为

"现代中国的钥匙",①足见上海在近现代中国的地位与作用。

一、海派商业文化

关于海派文化的研究始于 20 世纪 80 年代,这一时期出现了一些探讨海派文化的论文,但是关于海派文化的专著尚未问世。关于"海派"一词的来源至今也未能有准确的考订结论。历史学家陈旭麓教授在《论"海派"》中就讲道:"海派是与京派相对而言。海派一词最初出于何人何种文书,待考。"②苏秉公撰写的《新视角下的海派文化》③以"什么是海派文化"开篇,从经济基础、契约精神、教育比较、建筑形态、文化艺术、城市生活和哲学视角等七个方面进行探讨,勾勒出海派文化的特质。1995 年 11 月 27 日,胡平在上海"'95 商业文化研讨会——海派商业文化研讨会"开幕式上的讲话中对海派商业文化进行了详述。这里所说的"海派"是"大海派"的概念,"海派"超出了上海的行政区域,这一概念覆盖了在价值观和文化上具有上海特色和风格的所有城市和地区,而这个商业也是大商业的概念,文化也是大文化的概念。④ 他还概括了海派商业文化的四个特征,即兼容性、竞争性、创造性和开拓性。

"商"给近代上海打下了深刻的烙印,并影响着近代上海文化的性格。新式工商业是新型商业文化的物质载体,它的产生与发展,是近代上海新式商人群体与新型商业文化形成的前提条件。而上海新式工商业的产生和发展与西方的商风东渐有着密切的关系,自然会影响到近代上海的商人与商业文化。在保留一部分传统思想文化的同时,吸收西方商人的经营方式与文化观念,从而也使上海的新型商业文化具有一些西式特点。如增强商人的竞争意识,促使上海的商业文化更具竞争创新色彩。⑤

由上海大学海派文化研究中心编写的"海派文化丛书"先后出版了 33 本。该丛书致力于深入研究海派文化在社会生活中渗透的各个层面,用客观公正、实事求是、追求真理的科学精神和以人为本、实现人生价值的人文精神,建立以科学精神和人文精神为两大支点的崇尚真善美的价值体系,对海派文化进行专题

---

① 罗兹·墨菲. 上海——现代中国的钥匙[M]. 上海社会科学院历史研究所编译. 上海:上海人民出版社,1986:25-29.
② 复旦大学历史系编. 中国传统文化的再估计[M]. 上海:上海人民出版社,1987:57.
③ 苏秉公. 新视角下的海派文化[M]. 上海:上海大学出版社,2019:5.
④ 胡平. 走向21世纪的中国商业文化[J]. 当代思潮,1996(3):48-54.
⑤ 朱英. 西方商风东渐与近代上海商业文化的产生[J]. 北京行政学院学报,2003(4):82-84.

梳理。美国加州大学伯克利分校教授叶文心对上海商业文化进行专门研究,其先后发表出版的《上海的现代性:一个民国城市的商业与文化》和《商业、职业与近代上海商界》以社会史、文化史为视角研究了上海的现代性,从百货公司和广告业两个方面展现了南京路作为上海都市商业文化中心的形象,用商业与文化来界定上海的现代性,角度和观点都很新颖。叶教授认为"南京路吸引消费者的地方不仅在于商品本身,还在于与这些商品相联系的时尚、观念、娱乐等。南京路通过把商品消费转变为文化消费来促进商品消费"。①

二、上海商业

上海在近代开始崛起,最主要的因素便是商业的繁荣。而商业研究始终是研究上海历史、上海经济问题都绕不开的关键问题。从历史的角度而言,具有代表性的成果是朱国栋、王国章主编的《上海商业史》②,其以时间脉络研究上海商业的历史。从根据考古资料推测上海地区商业的古代起源开始,先后探讨了鸦片战争开埠后上海商业向新式商业的转变,中华人民共和国成立后对上海商业的改组和社会主义改造,以及20世纪90年代上海商业的发展,资料翔实、内容丰富、体系完整,基本勾勒出上海商业发展的历史轨迹。③ 关于区域经济史的研究也采用这种较为常见的大历史观、长时段跨度的研究方法。如张仲礼在《近代上海城市研究(1840—1949年)》中分经济、政治社会和文化三篇研究了时间跨度在近百年的上海。其中,在"经济篇"研讨了上海城市经济的近代化和近代上海的崛起。④ 上海社会科学院经济所张忠民在《上海:从开发走向开放(1368—1842)》⑤一书中把对上海城市经济的研究又往前推了472年,从1368年开始探索上海因商而兴的历史进程。此外,常国良从教育的角度研究近代上海商业教育,认为上海近代商业教育在全国范围都属于领头羊地位⑥,论述了近代上海商业教育的萌芽过程,从教育史的角度印证了经济史学界关于"买办是中国第一代新式商人"的研究结论。除此以外,常国良还详细论述了20世纪上半叶上海近代商业学校教育的产生和发展历程,分析了商业学校教育的特点、经验

---

① 李娜. 四大公司与上海商业文化研究[D]. 上海:东华大学,2012:1.
② 朱国栋,王国章. 上海商业史[M]. 上海:上海财经大学出版社,1999:506.
③ 张仲礼. 应重视对上海商业史的研究[J]. 上海商业,1999(11):6-7.
④ 张仲礼. 近代上海城市研究(1840—1949年)[M]. 上海:上海文艺出版社,2008:102-110.
⑤ 张忠民. 上海:从开发走向开放(1368—1842)[M]. 上海:上海社会科学院出版社,2016:45-49.
⑥ 常国良. 近代上海商业教育研究[M]. 哈尔滨:黑龙江大学出版社,2008:78-82.

教训及其与上海商业近代化之间的互动。

1949年中华人民共和国成立初期,围绕上海商业的重点工作是对其进行社会主义改造。张俊杰在《上海商业(1949—1989)》[①]一书中探讨了1949年中华人民共和国成立后,资本主义商业的改造与社会主义商业的建立,梳理了上海商业在各个历史发展阶段,为促进生产、保障供给、繁荣市场、增加积累所作的巨大贡献。特别是中共十一届三中全会召开以来,在改革开放方针的指引下,上海形成了以国营和供销合作社商业为主体的多种经济形式、多种经营方式,多种流通渠道和少环节的流通格局。[②] 到了20世纪90年代,随着"振兴上海、开发浦东、服务全国、面向世界"任务的确定,商业作为上海经济支柱产业得到了长足的发展。该书对于追溯上海商业的历史沿革,了解上海各行各业的发展概况和成就,以及研究近现代中国经济的发展轨迹具有重要的参考价值。

在关于改革开放后上海商业的研究中,张广生编写的《海商:1982—2012上海商业纪事》[③]一书史料翔实,是后来学者在研究上海商业时重要的史料来源。张广生认为"海商"是上海商业的代名词,是海派商业的简称。"海商"以当今世界流行的百货业、购物中心、大卖场、超市、便利店、品牌专卖、专营店为代表;以"连锁经营""一站式服务"为标志;广泛应用现代管理技术、信息技术、物流技术、供应链技术,衍生出我国商业、服务业现代化的业态。"海商"不仅开创了我国现代商业的先河,还引领着我国商业与国际接轨,推动工农业产品产业链的重组,搭建连接各类消费者的服务平台,提高社会资源配置的效率。[④] 全书共分三卷,其中第一卷《告别短缺》主要讲述中国如何由计划经济向市场经济转轨,逐渐取消计划,告别凭票、凭证的历史全过程。第二卷《流通革命》专门研究分析了上海商业管理体制改革:简政放权、精简机构、实行两级政府两级管理;企业经营机制转换,小企业实行"改、转、租、包、卖、联",以及大中型企业实行"六自主"改革;引进外资,推进上海传统商业向现代商业转换,大力发展超市、便利店、大卖场、购物中心、专卖店、专业店等连锁商业,开创我国商业新业态,引领零售商业实现流通革命。第三卷《海纳百川》主要聚焦于上海商业随着城市的发展,由"三街一场"发展成"四街四城",随后再演变成"十大商圈"的过程,以及上海商业为建设

---

① 张俊杰.上海商业(1949—1989)[M].上海:上海科学技术文献出版社,1999:1-3.
② 李殿甲.论如何搞活流通[J].河南财经学院学报,1992(9):47-55.
③ 张广生.海商:1982—2012上海商业纪事[M].上海:上海锦绣文章出版社,2013:6.
④ 张广生.《海商》的由来[J].上海商业,2013(8):103-110.

国际化大都市、创造繁荣繁华的国际贸易中心所作的贡献。最后落脚于对上海商业在发展过程中存在问题的反思和探索。①

2014年上海市商务委员会和上海商学院合作共建上海商业发展研究院,集合社会商贸领域的专家力量出版《上海商业发展报告(2013)》,之后每年出版一册,"上海商业发展报告"丛书立足于当前上海经济转型升级的整体发展形势,结合深入的市场调查,长期持续跟踪上海商业的发展情况、商业运行数据、主要商业业态、主要商业网点、主要商业模式等,对上海的商业发展趋势进行探讨和研判,为相关政府部门、研究机构、商业企业了解和分析上海商业市场提供重要的史料依据。此外,由上海市商务委员会发起,联合江苏省商务厅、浙江省商务厅、安徽省商务厅,委托上海市商务发展研究中心执笔,共同组织编写《长三角商务发展报告》,该报告自2019年首次问世后每年更新发布。报告的研究视角广阔,从上海一市扩展到长三角地区,旨在研讨商务领域的长三角一体化发展,为构建以国内大循环为主体、国内国际双循环相互促进的新发展格局提供发展路径和智力支持。②

三、商人群体

上海商业的繁荣离不开商人的苦心经营,在上海因商而兴的城市发展道路上随处可见商人的身影,商人群体扮演着举足轻重的角色。以商人和商人群体为研究对象,探讨"新式企业家"的精神和特质是很多学者的研究方向。叶文心以永安公司为例,概括"新式商人"的两种特质:一是对论述工具的掌握;二是"家长"角色的式微。自明清以来,商人的社会地位随着市场经济的发达而提高。但是关于"商道"的论述并没有随着商人地位的提高而获得价值肯定。19世纪开埠之后,新式商人在民族危机中找到了实业的道德价值,即通过与爱国主义的结合,将其财富正当化、合理化,最终得到了社会的认可与尊敬。在商业关系逐渐资本主义化的过程中,商人原有与员工之间的持有的"家长"角色也逐渐演变成剥削与被剥削的关系。③颜清湟从华侨的角度讨论"新式商人"。很多"新式商人"都具有华侨身份,在国外生活的经历至少让"新式商人"具备了两种特质:

---

① 张广生."黑商"是我的摇篮,"海商"是我的一生[J].上海商业,2013(8):52-54.
② 张振.促增量、稳存量、提质量并举扩大鼓励外商投资范围——国家发展改革委有关负责人就2020年版鼓励外商投资产业目录答记者问[J].中国经贸导刊,2021(1):33-34.
③ Wen-hsin Yeh, Shanghai Splendor: Economic Sentiments and the Making of Modern China, 1843-1949 (Berkeley: University of California Press, 2007), chapter 3. 转引自:连玲玲.打造消费天堂——百货公司与近代上海城市文化[M].北京:社会科学文献出版社,2018:14.

一是他们拥有更多的机会接触到外国文化和西方知识;二是华侨朋友圈成为他们开创事业的重要资源。中国百货业曾由澳洲华侨领导,是因为他们能够利用双边文化的优势,不必固守传统。① 徐鼎新在探讨19世纪末出现的新式企业和商人时,依据其在知识结构、价值观念、企业精神上呈现出的不同,将商人细分为绅商和企业家,其中企业家更具进步性。② 连玲玲又将这种进步性更进一步地理解为后浪推前浪的接力和接班,而并不只是第二代继任者比第一代创业者更先进。富有创新精神的第一代创业者面对的是在异乡为异客,因此乡里亲族关系较为浓厚。而第二代继承者则会更自如地开发着新的关系网络,如慈善团体。③

朱英从海派文化的角度研讨商人的经济活动,在《商业革命中的文化变迁——近代上海商人与"海派"文化》④一书中,将深受海派文化影响的上海商人在实业经营活动中表现出来的特点概括为开拓进取、精明强干、推陈出新及勤奋务实,并更深层次地研讨这种精神。他认为这种精神不仅限于商人的经济活动,甚至直接表现在政治风貌上,使上海商人在政治上比较敏感,更具有时代气息,敢于创新和开风气之先,成为全国商界的翘楚。如在全国商界率先组成"商会"这一新式商人社团,率先开展较大规模的地方自治活动,并取得了可观的自治权。上海商人在近代反帝爱国主义运动中显示出不凡的政治风貌,不仅具有较高的爱国激情,而且首创抵制洋货和全体罢市等行之有效的斗争方式,对全国爱国运动的推行发挥了重要的领导作用并产生了深远的影响。⑤

此外,还有以商人团体为视角研究近代商人。彭南生的《中国近代商人团体与经济社会变迁》集结了17篇关于行业、同业公会、上海马路商界联合会等商人团体研究的论文。其中前4篇论文探讨同业工会,分析了中国近代行会到同业工会的制度变迁历程及其功能转化、同业公会的性质及其政治参与行为。后13

---

① Ching-hwang Yen, "Wing On and the Kwok Brothers—A Case Study of Pre-War Overseas Chinese Entrepreneurs," in Kerrie L. Mac Pherson, ed. , Asian Department Stores (Surrey: Curzon Press, 1998), pp. 47-65. 转引自:连玲玲. 打造消费天堂——百货公司与近代上海城市文化[M]. 北京:社会科学文献出版社,2018:15.
② 徐鼎新. 近代上海新旧两代民族资本家深层结构的透视——从二十年代初上海商会改组谈起[J]. 学术季刊,1988(3):39-50.
③ 连玲玲. 打造消费天堂——百货公司与近代上海城市文化[M]. 北京:社会科学文献出版社,2018:14.
④ 朱英. 商业革命中的文化变迁——近代上海商人与"海派"文化[M]. 武汉:华中理工大学出版社,1996:137.
⑤ 蔡晓荣. 晚清华洋商事纠纷之研究[D]. 苏州:苏州大学,2005.

篇论文探讨五四运动后上海马路商界联合会的兴起原因、组织形态、基层选举及其在政治、经济、社会、国民外交等活动中的表现。

第二节　近代上海的零售业

百货公司是在近代上海出现的新型零售业态，关于近代上海零售业的研究也主要是围绕百货公司展开。纵观学者关于近代上海零售业的研究，主要有三个视角：一是以百货公司为研究对象探索近代上海零售业的发展。日本学者岛一郎的论文《近代上海的百货公司业的展开——其沿革与企业活动》[①]是研究民国时期上海百货公司的开拓性论文。文中指出，中国大型零售业研究起步较晚的主要原因，是社会主义经济模式下的商业理解和商业政策。之后改革开放为这一领域的研究提供了新的突破口。上海社会科学院经济研究所联合上海百货公司、上海市工商行政管理局出版《上海近代百货商业史》[②]，该书主要从营业史的角度出发，研究上海近代包括传统杂货业在内的零售业，时间跨度长，对各个阶段的百货业形态做了细致整理。连玲玲的《从零售革命到消费革命：以近代上海百货公司为中心》[③]一文从消费革命的观点出发，探讨了民国时期上海百货公司所采取的零售新技术如何改变着消费生活，并特别注意购物被赋予的新内涵。文章从上海百货公司的建筑及内部设计、新科技的运用及商品展演活动等具体事例，研究消费的社会及文化意义，并进一步研讨以百货公司为焦点的消费生活如何重新塑造上海社会。[④] 此外，关于百货公司的口述历史研究也是近代零售史研究的重要资料，如学者黎志刚为李承基先生做的口述采访。李承基是上海新新公司创办人李敏周之子。虽然李承基曾经撰写过数本著作，但是作为历史工作者的黎志刚眼光敏锐，在上海档案馆细心翻阅新新公司留下的档案时，从中寻找到采访线索，可以说他"在记忆的枯井中挖掘出汩汩清泉"，为中国商业史抢救了一份高质量的历史资料。

---

① 岛一郎.近代上海的百货公司业的展开——其沿革与企业活动[J].经济学论丛.同志社大学，1995（11）.
② 上海百货公司，上海社会科学院经济研究所，上海市工商行政管理局.上海近代百货商业史[M].上海：上海社会科学院出版社，1988：51-57.
③ 连玲玲.从零售革命到消费革命：以近代上海百货公司为中心[J].历史研究，2008（5）：76-93，191.
④ 李娜.四大公司与上海商业文化研究[D].上海：东华大学，2012.

二是以某个零售企业为研究对象的企业史研究。上海社会科学院经济研究所编著的《上海永安公司的产生、发展和改造》①为研究百货公司提供了坚实的史料基础。该书主要从企业发展史、经济史的角度研究永安公司从诞生到消亡的过程,具有很高的史料价值。连玲玲从硕士阶段起便开始对上海百货公司进行研究,她的硕士论文《中国家族企业史之研究——以上海永安公司为例,1918—1949》用"家族企业"定位永安公司企业经营的特质。她在《企业文化的形成与转型:以民国时期的上海永安公司为例》②一文中从商业和商业企业文化的角度研究上海永安公司,探讨了民国时期上海企业文化的形成与转变过程。从多位学者的研究中可以看到,关于上海零售企业的研究多为个案研究,从企业史的视角深入研究某个百货公司。这样的研究对于我们了解该企业具有重要的意义,也能够从一个侧面窥探上海整个百货公司的发展。但是如果想要把握整个上海零售业的发展脉络,仅有案例研究是不够的,除了研究百货公司的企业经营史以外,还需要探讨商业文化对企业经营和发展的作用以及除百货公司外的其他类型零售业态的发展历程等。

三是从商业文化角度研究百货公司。日本学者菊池敏夫从广场、庙会的空间机能和都市型的多机能性等方面来研究百货公司的商业文化特性,开创了从商业文化角度研究百货公司的先例。③ 他在《战时上海的百货公司与商业文化》④一文中,认为上海的百货公司不仅是大型零售业的商业设施,还是促进上海都市发展的设施,着眼于其重要的商业文化和商业都市机能,考察了战时上海的百货公司和商业文化。他这样写道:"他们以自己的方法改变了传统商业街南京路的面貌。他们不仅是销售商品的商人,更是南京路商业的变革者、南京路新景观的创立者、近代上海都市商业文化的领袖。"2012年菊池敏夫出版专著《近代上海的百货公司与都市文化》⑤聚焦在位于上海南京路上的中国民族资本大型百货公司,从其具有的多样性都市机能的角度对百货公司的历史进行了分析。书中将"都市文明"定位为"都市娱乐、文化机能",主要包括游乐场、剧场、舞厅、旅馆、电影院、书画展、报刊、

---

① 上海社会科学院经济研究所. 上海永安公司的产生、发展和改造[M]. 上海:上海社会科学院出版社,1981:68-73.
② 连玲玲. 企业文化的形成与转型:以民国时期的上海永安公司为例[J]. 近代史研究所集刊,2005(9):125-173.
③ 李娜. 四大公司与上海商业文化研究[D]. 上海:东华大学,2012.
④ 菊池敏夫. 战时上海的百货公司与商业文化[J]. 陈祖恩,译. 史林,2006(2):93-103,127.
⑤ 菊池敏夫. 近代上海的百货公司与都市文化[M]. 陈祖恩,译. 上海:上海人民出版社,2012:112-118.

广播等。阐明上海的百货公司如何利用其都市机能、娱乐机能领导20世纪二三十年代"摩登上海"的消费文化、都市文化以及为上海都市发展做出贡献。学者连玲玲在《打造消费天堂——百货公司与近代上海城市文化》①一书中明确回答了消费文化是如何"走向近代"。以"消费主义"为核心概念,探讨百货公司对近代中国的意义,特别是这种资本主义的企业组织如何通过各种营销手段,创造全新的消费经验,并传播现代的消费主义。她把百货公司视为一种"城市现象",而非只是"企业组织"。② 百货公司通过布局消费空间和铺陈消费观念两条主线打造消费天堂。陈锦江比较研究了百货公司和传统商店的组织结构以及不同百货公司的企业文化。传统商店采用合伙制,管理形式是高度个人化的。百货公司是采用公司制,引入新式零售概念,但同时又呈现出浓厚的家族色彩,是传统与现代的综合体。③

第三节 传统零售和新零售

改革开放以来,中国零售业发生了翻天覆地的变化,新的零售类型不断涌现。④ 清华大学经济管理学院中国零售研究中心编写的"中国零售研究前沿系列"系统全面地研究了中国零售业。丛书包括《中国零售业发展历程(1981—2005)》《中国零售管理创新》《中国零售顾客满意度研究》《中国零售业对外开放研究》《零售顾客忠诚计划研究》《中国流通业变革关键问题研究》《中国民营零售集团商业模式研究》《零售忠诚计划的运营管理研究》《中国百货商店演化轨迹研究》《零售革命》及《零售革命(修订版)》。⑤

其中由李飞主持编写的《中国零售业发展历程(1981—2005)》首次对改革开放后中国零售业的发展进行系统的回顾和总结。改革开放前,中国长期的计划经济体制导致零售业发展没有本质上的变化。改革开放后,尤其是进入20世

---

① 连玲玲. 打造消费天堂——百货公司与近代上海城市文化[M]. 北京:社会科学文献出版社, 2018:24-29.
② 杨昊冉. 作为商品的娱乐:近代上海百货公司的演艺事业——以四大华商百货公司为例[J]. 艺术管理(中英文),2021(1):111-121.
③ 连玲玲. 打造消费天堂——百货公司与近代上海城市文化[M]. 北京:社会科学文献出版社, 2018:13.
④ 郑伟健. 传统百货零售行业运营资金周转探讨[J]. 财会学习,2018(21):187-188.
⑤ 李飞. 中国零售学术研究理论创新期的历史回顾(2001—2017年)——中国零售学术研究40年发展历史回顾之二[J]. 北京工商大学学报(社会科学版),2018,33(4):1-11,52.

纪90年代中期,中国爆发了一场前所未有的零售革命。① 它不仅改变了原有的分销渠道,还指导厂商进行全新营销运作,并最终改变人们的生活方式。② 这场零售革命具有三个特征,即多类型、综合性、竞争性。③

零售革命,是指零售企业为了适应环境变化、满足顾客需求、维持生存和发展以及实现经营目标,用新业态取代旧业态,导致社会范围内新旧业态之间发生的重大更替,换位变化的过程。④ 李飞在《零售革命（修订版）》一书中梳理了西方的十次零售革命和中国的八次零售革命,并概括总结出零售革命的演化轨迹（图1-1）：商品从货物扩展到娱乐和社交,货币从无到有形到无形再到无,零售商从无到有到公司再到无,购买者从物质到身份再到精神,时空从偶然到固定再到虚拟无界,旅程从商品到服务再到精神体验。⑤ 零售业经过不断地革命变迁完成了量变到质变的过程,为消费者带来更多不同层次的体验。

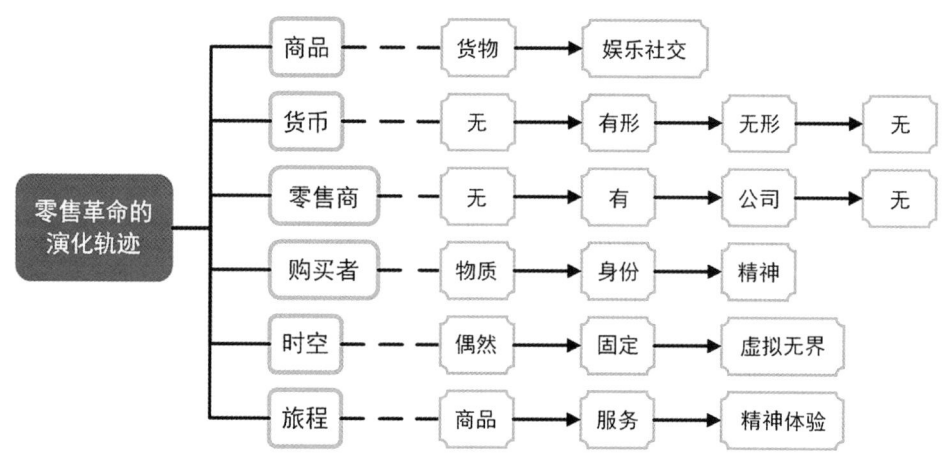

图1-1 零售革命的演化轨迹流程图

自1852年世界第一家百货商店在法国巴黎诞生后,爆发了一价商店、连锁商店、超级市场、购物中心、自动售货机、步行商业街、网络销售等数次零售业革命。⑥ 而中国的零售革命是在5年左右的时间里囊括了西方国家150年里出现

---

① 王巍栋. 30年中国零售业走了多远[J]. 现代商业,2008（13）：26-29.
② 李飞. 中国零售革命的特征[J]. 财贸经济,2000（7）：68-70.
③ 李飞,王高,等. 中国零售业发展历程（1981—2005）[M]. 北京：社会科学文献出版社,2006：1-3.
④ 李飞,张语涵. 中国的零售革命[J]. 清华管理评论,2018（6）：66-72.
⑤ 李飞. 零售革命（修订版）[M]. 北京：经济科学出版社,2018：7.
⑥ 周军. 透视中国商业模式的演变[J]. 时代金融,2019（7）：16-17.

的所有零售类型,剧烈程度可想而知。而且中国零售革命是在中国经济体制改革进程中开始的,这无疑增加了中国零售革命的复杂程度和困难程度。虽然任何一次零售革命都是优胜劣汰的过程,但是这种优胜劣汰的竞争在中国零售业改革中表现得更加残酷;参与其中的零售企业想要生存下来,只能依靠自己及时地、科学地、有效地进行业态转换和提升经营管理水平。

李飞撰写的两篇论文《中国零售学术研究学习吸收期的历史回顾(1978—2000年)——中国零售学术研究40年发展历史回顾之一》[①]和《中国零售学术研究理论创新期的历史回顾(2001—2017年)——中国零售学术研究40年发展历史回顾之二》[②]从研究内容、研究方法、研究成果和学者分布等四个方面翔实地回顾和系统地梳理了改革开放后到2017年关于中国零售的研究情况,将中国零售40年来(1978—2017年)的研究划分为四个阶段,即学习引进期(1978—1990年)、消化吸收期(1991—2000年)、模仿创新期(2001—2010年)和自主创新期(2011—2017年)(图1-2)。

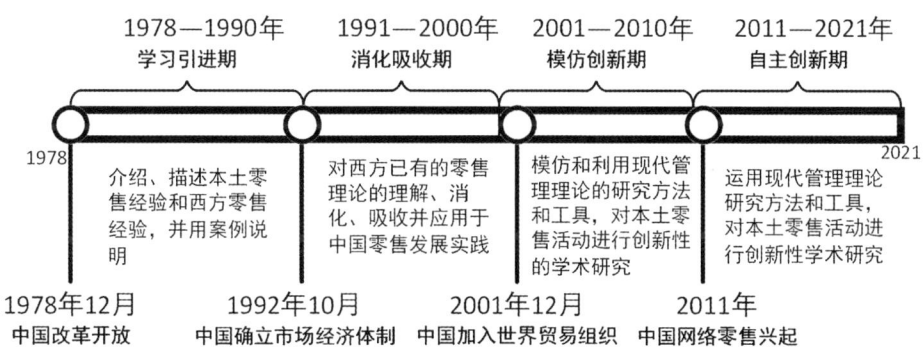

图1-2 中国零售革命四阶段理论

以现在的观点来看,关于自主创新期的划分,时间如果改为从2011年到2016年更为妥当。原因在于2016年10月,云栖大会上首次提出"新零售"的概念以来,新零售逐渐成为重塑电商市场、创新商业模式的解决之道。而对于新零售的研究也从2017年开始出现。鉴于此,在李飞划分零售研究四阶段的基础上,扩充到五阶段(图1-3)。

---

① 李飞. 中国零售学术研究学习吸收期的历史回顾(1978—2000年)——中国零售学术研究40年发展历史回顾之一[J]. 北京工商大学学报(社会科学版),2018,33(3):1-10.
② 李飞. 中国零售学术研究理论创新期的历史回顾(2001—2017年)——中国零售学术研究40年发展历史回顾之二[J]. 北京工商大学学报(社会科学版),2018,33(4):146-153.

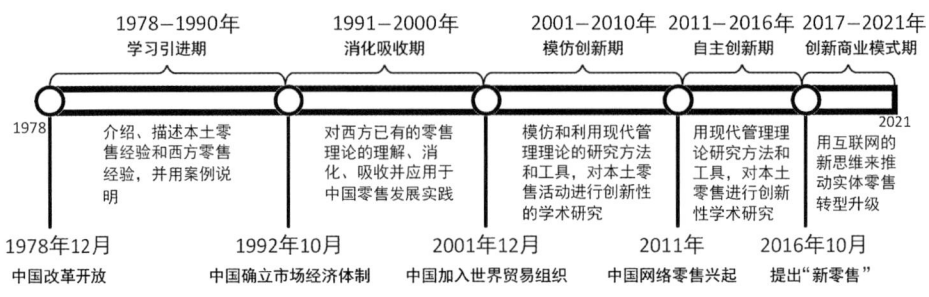

图 1-3 零售研究五阶段理论

1. 第一阶段是学习引进期（1978—1990 年）

该阶段的研究成果多为经验介绍和案例说明，很少涉及零售管理理论，基本都是介绍和描述本土和西方经验。从本质上来看，该阶段可以说是中国零售学术研究的萌芽阶段，而并非真正的零售学术研究阶段。在这一阶段，中国经济体制开始转型，市场经济刚刚起步。围绕零售业的研究包括三个方面：一是探索中国零售体制改革的方向和路径，涉及经营承包责任制、租赁经营、零售网点布局等，如《商业改革与发展研究》（1983 年）汇集了围绕零售企业管理体制改革、经营承包责任制、所有权和经营权分离、商业企业集团、经济效益等研究内容的 47 篇文章和调研报告。二是学习研究国内外零售企业的经营管理方法，包括如何提高经营效益、扩大销售、改善服务、降低成本、提高资金周转率等，如《国外商业研究资料》（中国商业出版社，1984 年）汇集了包括美、日、苏等国家的商业组织结构、流通渠道、资金周转、管理体制及商业法规等研究内容的 52 篇文章。此外还有研究国外超级市场的《超级市场大荣公司》（中国财政经济出版社，1981 年），介绍日本零售业发展的《日本的零售商业》（中国财政经济出版社，1982 年）以及首次被引入中国大陆公开出版的中译本——罗伯特·F.卢斯的《零售商业企业经营管理》（中国商业出版社，1986 年）。三是借鉴国外零售学教材以及研究中国的零售实践，建立中国零售学的雏形，如果洪迟编写的《零售商业企业管理学》（中国商业出版社，1982 年）和《零售经营学》（中国财政经济出版社，1988 年），翻译和引进的《资本主义国家商业概论》（中国商业出版社，1985 年）、《国外商业》（中国财政经济出版社，1989 年）。

2. 第二阶段是消化吸收期（1991—2000 年）

该阶段的研究成果大多是对西方已有零售理论的理解、消化吸收，并应用于中国零售发展实践。① 1990年零售业开始对外开放，1992年中国确立了市场经济体制，市场化程度进一步提高。这一阶段围绕中国零售业的研究主要包括三个方面的内容：一是探索零售发展的一般规律和方法。其中包括关于零售史的研究，如《上海近代百货商业史》（上海社会科学院出版社，1988年）、《中国百货商业》（北京大学出版社，1989年）、《上海消费市场发展史略》（上海财经大学出版社，1996年）、《中国传统市场发展史》（人民出版社，1997年）、《北京的商业街和老字号》（北京燕山出版社，1999年）等。还包括关于零售业发展和超级市场、连锁业等经营管理的研究，如《商业连锁经营指南》（中国商业出版社，1994年）、《国外连锁业概览》（当代中国出版社，1994年）、《零售王——现代商场策划与设计》（北京经济学院出版社，1995年）、《超级市场连锁经营与管理》（上海社会科学出版社，1995年）、《零售业营销》（企业管理出版社，1996年）、《自选王——超级市场策划与设计》（北京经济学院出版社，1997年）、《连锁王——连锁经营策划与设计》（首都经济贸易大学出版社，1996年）、《特许连锁经营》（广东经济出版社，1998年）等。此外还有一些海外学者的相关研究，如林周二的《流通革命：产品、路径及消费者》（华夏出版社，2000年）、利维和韦茨合著的《零售学精要》（机械工业出版社，2000年）、贝尔和萨蒙共同编著的《战略零售管理教程与案例》（东北财经大学出版社，2000年）等。二是学习研究西方零售企业发展的成功经验，如《日本超级市场探源》（中国人民大学出版社，1992年）、《日本的零售业》（人民出版社，1994年）、《世界市场形式全书》（中国大百科全书出版社，1995年）以及《美国沃尔玛——世界零售第一》（中国人民大学出版社，2000年）等。三是借鉴国外零售学教材编写中国的零售学教材。如1998年出版了数本英文原版教材，利维和韦茨的《零售管理学》（机械工业出版社）、贝尔和萨蒙的《零售学》（东北财经大学出版社出版）和《战略零售管理》两本案例教程，对中国零售学的发展产生了重要影响。

3. 第三阶段是模仿创新期（2001—2010年）

2001年，随着中国加入世界贸易组织（WTO），中国的对外开放程度提高。此时，中国的市场经济体制基本建立，零售业的竞争加大，企业急需创新更高效的管理方法。这一阶段主要是模仿和利用现代管理理论的研究方法和工具，对本土

---

① 李飞. 中国零售学术研究学习吸收期的历史回顾（1978—2000年）——中国零售学术研究40年发展回顾之一[J]. 北京工商大学学报（社会科学版），2018，（3）：1-10.

零售活动进行创新性的学术研究。主要包括三个方面的内容：一是探索零售业发展和零售革命的一般规律，主要成果包括"中国零售研究前沿系列"丛书、"北京锐迪流通经济研究所丛书"及《零售创新：基于系统的思想与方法》（2007年）、《零售垄断与竞争政策》（2008年）、《中国零售企业绩效来源研究》（2008年）、《商业布局与区位决策》（2008年）、《中国零售组织的结构研究》（2008年）、《跨国零售在华滥用市场优势地位及其规制问题研究》（2009年）、《零售企业竞争优势》（2009年）和《百货商店及连锁商店品牌形象研究》（2010年）等；二是学习研究西方零售研究的理论和方法，如《美国现代商品零售业》（2001年）、《零售国际化：动因、模式与行为研究》（2006年）等；三是借鉴国外零售学教材和本土实践，编写具有中国特点的零售学教材，如肖怡的《零售学》（2003年）、孙明贵的《业态管理学原理》（2004年）、陈己寰的《零售学》（2004年）、曾庆均的《零售学》（2005年）、吴佩勋的《零售管理》（2007年）、黄国雄和王强的《现代零售学》（2008年）、陈章旺的《零售营销：实战的观点》（2008年）、周筱莲和庄贵军的《零售学》（2009年）等。

4. 第四阶段是自主创新期（2011—2016年）

该阶段主要是运用现代管理理论研究方法和工具，对本土零售活动进行创新性的学术研究。随着中国的消费需求从量到质的转变以及互联网技术的飞速发展，网络零售异军突起。这一时期的研究主要包括三个方面的内容：一是探索零售发展的本质及商业模式。如彭娟的《中国零售业态与规模发展现状研究》（2015年）、张艳等的《零售商业模式研究》（2015年）和郭馨梅的《零售商业业态运营的全面创新》（2016年）。二是探索零售业发展和零售革命的一般规律。如颜艳春的《第三次零售革命》（2014年）、王成荣的《第四次零售革命：流通的变革与重构》（2014年）等。此外还有翻译出版的西方零售学术专著，如《购物者营销》（2012年）、《零售业的新规则》（2012年）和《新在线零售：创新与转型》（2013年）、《零售革命3.0》（2014年）。三是研究全渠道零售发展的规律和方法。如罗俊的《品类与策略：打造全渠道零售的商品竞争力》（国防工业出版社，2015年）、王先庆、彭雷清、曹富生的《全渠道零售》（中国经济出版社，2018年）、李飞的《全渠道零售设计》（经济科学出版社，2019年）。

5. 第五阶段是创新商业模式期（2017年以后）

自2016年10月云栖大会上首次提出"新零售"的概念后，新零售似乎成为重塑电商市场、创新商业模式的解决之道。与此同时，与零售业转型相关的政策也在酝酿中。同年11月,国务院办公厅印发了《关于推动实体零售创新转型的意见》,从总体要求、调整商业结构、创新发展方式、促进跨界融合、优化发展环境和强化政策支持等六大部分,共十八个方面为新零售发展指明了方向。2017年3月"两会"期间,也有不少关于零售业转型的议案。李克强总理在政府工作报告中提到,结合实体零售和电子商务推动消费需求,其实质就是号召新零售相关企业结合线上线下,用互联网的新思维来推动实体零售转型升级,强化用户体验,改善消费环境和物流现状,提高零售业的运营效率。①

随着新零售的实践,关于新零售的研究逐渐丰富起来。首先关于什么是新零售的问题,阿里研究院给出了定义。新零售是以消费者体验为中心的数据驱动的泛零售形态,有三大特征:一是以心为本,围绕消费者,重构人、货、场(景);二是零售的二重性,基于数据理论,企业内部与企业间流通损耗接近为零,最终实现价值链重塑;三是零售物种大爆发,借助数字技术,物流业、人文娱产业、餐饮业等多元业态均延伸出零售形态,更多零售物种即将孵化诞生。新零售所需要的,不是"从线上到线下"或"从线下到线上",而是彼此融合。阿里巴巴集团CEO张勇认为,商业本没有线上线下之分,而应该是全渠道的,即全盘打通、融合在一起的。无论是线上还是线下,商业所需要思考的本质问题不外乎是,在什么样的场景下,给消费者提供什么样的服务,创造什么样的价值。而全渠道的起点则是商业的数字化。全渠道真正的出发点是消费者的需求动向。②

自新零售的提法出现后,除上述阿里研究院给出的定义以外,很多学者也都针对"新零售是什么"的问题进行了研究。王先庆在《新零售——零售行业的新变革和新机遇》③一书中提出要从多维度观察和分析"新零售",除了互联网视角外,还包括工业化视角,即随着智能制造和制造业服务化的发展,日用工业品在消费需求结构中的比重急剧下降,④除传统零售中的"实物商品销售"外,与生活相关的大量服务、体验、情景、情感、文化、健康等非实物内容也成为新零售中出售的商品;市场化视角,即新零售带来市场交易方式和模式的变化,销售的内容扩展到定制式服务、流程、方式或创意;城市化维度,即新零售的经营地点将分散在社区和消费者的生活场所中,如旅游区、交通服务区、文化娱乐场所等,不再受商业中心的

---

① 赵树梅,徐晓红. "新零售"的含义、模式及发展路径[J]. 中国流通经济. 2017(5):12-20.
② 天下网商. 新零售全解读[M]. 北京:电子工业出版社,2018:7-11.
③ 王先庆. 新零售——零售行业的新变革和新机遇[M]. 北京:中国经济出版社,2017:13.
④ 王先庆,雷韶辉. 新零售环境下人工智能对消费及购物体验的影响研究——基于商业零售变革和人货场体系重构视角[J]. 商业经济研究. 2018(17):5-8.

束缚。水木然、廖永胜将新零售作为一个新时代的标志，用于探索未来零售业的新业态。① 新零售的"新"一是体现在利用新技术提升用户体验和运营效率，以及改变用户的消费场景。二是通过云计算完成数据收集分析，总结用户购买行为，优化营销方案，进行精准的商品信息推送、关联。三是运用新科技对供应链进行管理和控制，降低生产经营成本，提高工作效率，同时提升产品质量。②

美国学者罗伯特·斯佩克特（Robert Spector）基于他的视角，将零售描述为"社会秩序和经济秩序的融合"（where the social order and economic order met）。基于 Robert Spector 的视角，刘官华、梁璐将新零售定义为：借助数字技术促进经济秩序与社会秩序更高效匹配的商业过程。其关键在于，能否充分应用数字技术，洞察拥有相同社会秩序的消费者的最真实需求，进而指导经济秩序，产生能够准确匹配消费者需求的价值。数字技术的应用可以让交易更透明、更高效，让消费者得到更好的消费体验。新零售的本质，说到底不是对零售的彻底颠覆和完全推倒，而是基于零售已有的商业基础，借助数字技术的加持，最大限度地提高人、货、场三者相互连接的速度和深度，从而提高传统零售的效率。③ 那么如何才能做到呢？赵树梅认为最重要的就是以用户体验为中心，满足消费者日益提升和变化的需求，同时兼顾内部员工与上下游的商业合作伙伴。其实质就是要在做好产品和服务营销的同时，做好"人"的工作。她还总结了新零售的三种模式：一是线上线下与物流结合的同时，实现商品与物流渠道整合；在线下零售商不断开拓线上渠道、线上零售商不断开拓线下渠道的同时，线下与线上的零售商彼此开展合作，实现渠道互补和共赢。二是提供更广范围内的体验式消费服务，实现消费场景化。三是营造包括零售企业内部员工及上下游合作伙伴的新零售平台模式，即打造新零售全渠道产业生态链。这个生态链既包括零售企业内部员工，也包括上游的制造商、下游的商家以及渠道内的所有合作伙伴，多方在一个公共平台上进行更深更广的合作，最后实现互利共赢，共同在不断完善的互联网环境下良性发展。④

此外，还有围绕新零售开展的案例研究。如在新零售背景下针对盒马鲜生、超级物种、京东七鲜等生鲜电商商业模式的研究以及探讨拼多多、小米、良品铺

---

① 水木然，廖永胜. 新零售时代的标志——未来零售业的新业态[M]. 北京：机械工业出版社，2017：13.
② 宋珺. 浅析新零售的发展[J]. 知识经济. 2018（9）：72-73.
③ 刘官华，梁璐. 新零售：从模式到实践[M]. 北京：电子工业出版社，2019：73-77.
④ 赵树梅，徐晓红. "新零售"的含义、模式及发展路径[J]. 中国流通经济，2017（5）：12-20.

子、苏宁易购、名创优品、瑞幸咖啡、永辉超市等新型零售商的商业模式。

至此,我们梳理了有关海派文化、上海商业和零售业的研究。发现其中关于零售业发展史的研究基本是以改革开放作为时间节点,改革开放之前的研究偏向采用历史学研究方法,关注于整个零售业的发展过程和百货业的嬗变。改革开放以后,围绕零售业的研究逐渐把零售业作为一个学科来建设和探讨,并开始关注零售业的商业模式。研究方法也更为丰富,引入案例研究、量化研究等。就上海零售业的研究而言,主要包括四个内容,即上海零售业发展史、近代上海的百货公司、零售商业模式和零售业典型案例四类。纵观已有的研究,可以发现关于上海零售仍存在需要完善的地方和亟须解答的疑惑,如上海零售在中国零售发展中的地位如何?上海零售在上海商业发展中的地位如何?上海零售未来的发展方向,等等,这些也是本书尽力探究的内容。

第二章 上海零售的源起

商业是人类需求不断升级的产物,也是推动社会进步的力量,主要表现为商业可以调剂有无,调节物价,促进社会生产,改善人民生活,加强世界商品、经济乃至文明的交流。① 古代上海正是由商而兴的,近代上海的崛起与昌盛同商业的繁荣和海派商业文化的形成密不可分。来自世界各地的商人杂居上海,在移民文化与上海本土文化相互交融、相互影响的过程中共同创造着一种杂糅混合的海派文化和海派商业文化。上海零售业正是在这样的生态环境下一步步地由传统零售向现代零售成长演进。

第一节 近代上海商业的形成

一、因商而兴与上海设县

上海地区②城镇的兴起,不同于中国其他城镇,并非由于它是封建制的政治中心,或是军事屯驻据点,而是由商而兴,因商立市。追溯上海地区商业兴起的原因,首先是交通因素。隋朝大运河的开通,加强了南北经济的联系,上海地区位于中国南北海岸线中点,长江东端,在中国江海航道线的交叉点上,周围是中国最富庶的长江三角洲。古代市舶司的设立、近代第一批通商口岸的开放都是因为上海地区

---

① 朱英. 商业变革中的文化变迁——近代上海商人与"海派"文化[M]. 武汉:华中理工大学出版社,1996:21.
② 上海地区指今上海市区域,包括市区和郊县。

得天独厚的地理位置。上海地区的华亭镇、青龙镇、上海镇都是依靠区位优势由集市发展而成的区域性贸易中心。华亭水网密集、河道纵横,青龙镇是华亭的出海口,两者都是东南通商大邑。青龙镇又因宋时市舶司的设置成为著名的对外贸易港口,有"小杭州"之称。南宋后,随着贸易集散点从青龙镇向上海浦转移以及上海设镇,青龙镇开始衰落,上海地区能够通行海船的港湾只剩下黄姚镇、江湾镇和上海镇。[①] 其中位于长江口的黄姚镇因常年受江潮冲刷,主航道不断南移,到明代便已塌陷。江湾镇位于吴淞江北支流江湾浦,江湾浦仅为吴淞江淤浅时的替代航道,因为江湾浦河道弯曲,通行并不顺畅,容易淤浅,难以通海。上海镇位于吴淞江支流黄埔及上海浦西岸,与宋家浜相通,形成了天然的船舶入海通道。上海镇不光成为国内多种货物的集散地,南宋设置市舶分司后,又成为对外贸易港口。贸易的繁荣带来商业的繁荣,同时又促进了上海地区城镇的兴盛。

元代始设的松江府,发展到明代已经是上海地区政治、经济、文化的中心,是上海历史文化之根,故有"先有松江府,后有上海滩"的说法。上海镇也在元代进一步升级设县,发展成为上海地区内仅次于松江府的工商业中心。城内店铺、作坊、集市、行号、商贾林立,商业氛围浓厚。商业的繁荣带动了上海地区乡镇的发展,明中叶后,松江府已下辖华亭县(下辖十六镇六市)、上海县(下辖十一镇十一市)、嘉定县(下辖六镇九市)等,并不断增加。之所以能够设镇,一是由于商业的繁荣;二是形成了具有一定规模的手工业中心;三是因某一行业的发展,如布业、铜铁业、染坊业、盐业等(图2-1)。例如朱家角镇就是因布业发达带来商贾往来频繁而形成的城镇,"商贾凑聚,贸易花、布,京省标客往来不绝"[②]。朱家角镇位于今上海市青浦区中南部,紧邻淀山湖风景区,因有1700多年的历史,在1991年被国家列为"上海四大历史文化名镇"之一,是古老的商业中心,素有"上海威尼斯"及"沪郊好莱坞"的美誉。朱家角镇在明朝万历年间正式形成市镇,当时叫珠街阁或珠溪。因其发达的布业著称于江南,逐渐发展为巨镇。到了明末清初之时,朱家角又因米业的发达再次百业兴旺,地方志载"长街三里,店铺千家",北大街背靠漕港,旁临街衢,得以水陆两运皆便,成为商贾云集之地,"货易甲于他镇"。米行肉铺、杂具百货、酒楼茶室应有尽有,可谓南北百货,样样齐全,镇中行商遍及江浙,所以有"三泾不如一角"的说法。[③]

[①] 朱国栋,王国章. 上海商业史[M]. 上海:上海财经大学出版社,1999:51.
[②] 崇祯《松江府志》卷3. 转引自:朱国栋,王国章. 上海商业史[M]. 上海:上海财经大学出版社,1999:79.
[③] "三泾"指朱泾、枫泾、泗泾,"一角"是朱家角。

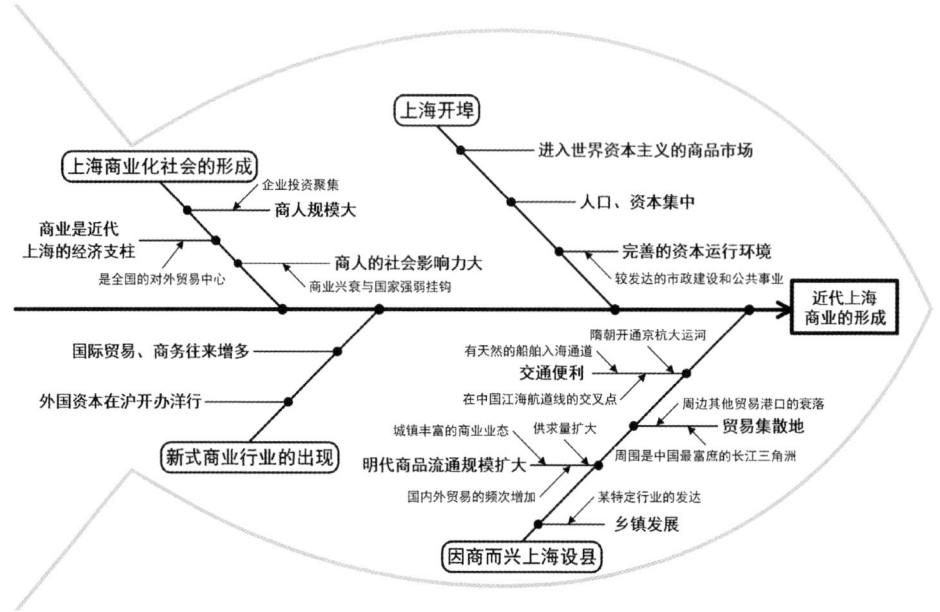

图 2-1 近代上海商业形成的因果图

因海上贸易往来逐渐频繁,明代上海地区的商品流通规模日趋扩大,表现为供求量的扩大、国内贸易和对外贸易频次的增加、城镇丰富的商业业态,如经营批发、零售、收购等业务,以及商人组织(行帮)的兴起和商人组织(行会)职能的变化(行帮马行会从负责各种货物和徭役的官府派出机构,到成为具有经济往来关系的进行商务活动的商人组织)。

二、上海开埠与商业环境

上海开埠之前就已经是转口贸易重镇,是中国最重要的对外贸易口岸和经济繁荣的大都市。鸦片战争后,随着 1843 年《中英五口通商章程》的签订,广州、厦门、福州、宁波和上海成为最先开放的五个通商口岸,准许英国人携带家眷自由居住、营商,且能在各口岸自由贸易。自五口通商后,特别是上海成为租界后,来沪定居的外国人激增,贸易经济迅速发展,商业经济也逐渐形成规模。

随着上海的开埠,设立的通商口岸为企业的经营活动提供了自由、宽松的市场环境。沈祖炜把这种对企业经营的好处总结如下[①]:一是通商口岸受西方资

---

① 沈祖炜. 近代中国企业:制度与发展[M]. 上海:上海社会科学院出版社,1999:35-39.

本主义影响最大，在通商口岸设立的外资企业，为中国企业提供了示范；二是通商口岸往往是万商云集之地，聚集了大量的商流、物流、资金流，为企业提供了较为广阔的活动舞台；三是通商口岸租界的设立，在破坏中国主权的同时，也限制了当时清政府对企业的强征豪夺，有利于企业的正常经营；四是通商口岸一般建有比较完善的城市基础设施，例如电力、自来水的供应和公共交通、通信条件的配备等，为企业提供了较好的投资环境；五是通商口岸一般少受战乱的影响，对于企业经营者来说，是一个相对安定的地方，有的人甚至为了躲避战火而迁入通商口岸；六是通商口岸是中西文化碰撞、融合的地方，出现了一批受过近代教育的人才，包括企业迫切需要的技术人员和管理人员，也包括企业迫切需要的技术工人和熟练工人；七是通商口岸形成企业聚集的局面，金融、贸易、工业、交通等各种行业相互配合、共同发展，对于单个企业是配套的市场服务，对于企业群体是相辅相成的市场网络，从而给单个企业发展带来连锁效应；八是通商口岸城市大都靠海对外，常常是海外移民的故土乡里，因而成为华侨回国投资的热点。

张仲礼曾论述了把开埠作为上海城市经济近代化起点的三个原因[①]：一是对外开放以后上海被迫卷入世界资本主义的商品市场。通过对外开放可以获得经济发展所必要的资金、原料以及先进技术，进而推动国家经济的近代化。二是外国资本主义列强在上海攫取的租界为上海人口、资本的集中提供了安全保障，加速了人口资本的集中。三是开埠后，租界内的市政建设和公共事业高速发展，上海的对外交通愈发便捷，为各种资本的投入和运行创造了更好的环境。

上海在中国近代通商口岸中具有独特地位。1843年上海正式开埠后，于1845年辟设租界，从19世纪50年代中期开始上海取代广州成为全国的贸易中心。20世纪20年代以后，外国对华的金融投资、企业投资向上海聚集，上海的工厂数量占全国50%以上。从中英贸易额来看，1844年从上海进口的英国货物额占全国进口英国货物总额的12.5%，这一占比自1845年后增长迅猛，达到30%，1853年达59.7%，1855年达87.8%。再看对英出口额，与广州相比，1844年从广州出口英国的货物额是上海的7.7倍，1845年减少到4.6倍，到1852年上海就已经超过广州，从上海出口英国的货物额是广州的1.7倍，1855年更是扩大到6.8倍。此时，上海已经完全代替广州成为全国对外贸易的中心（图2-2）。[②]

开埠后的上海也是先有商业的兴盛，后有工业的发展，与西欧发达国家先有

---

① 张仲礼. 近代上海城市研究（1840—1949年）[M]. 上海：上海文艺出版社，2008：40-43.
② 朱国栋，王国章. 上海商业史[M]. 上海：上海财经大学出版社，1999：107.

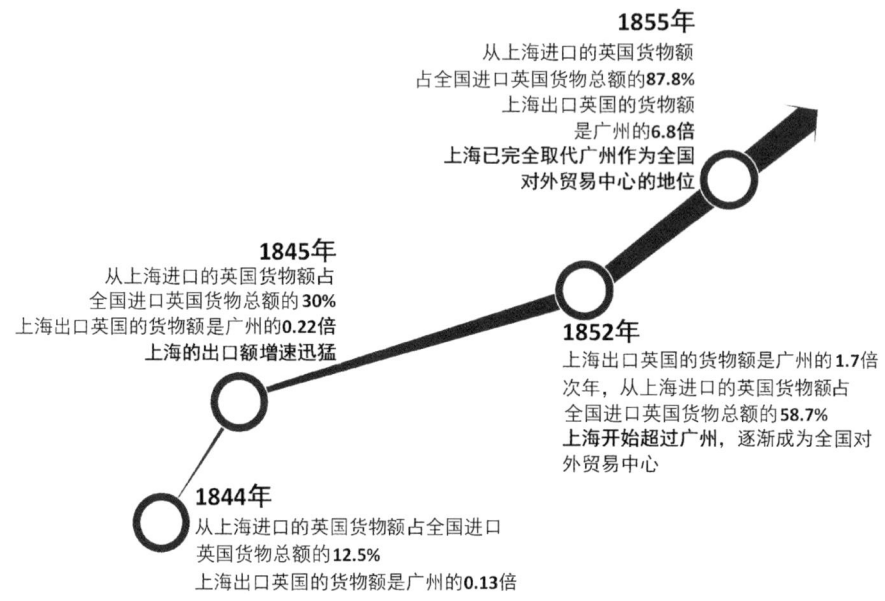

图 2-2 上海对英贸易情况

商业革命,后有工业革命的顺序相似。大约在开埠后 20 年上海才有了近代意义上的工业。直到 20 世纪 20 年代以后,才初步形成商贸与工业并重的经济格局。上海是依托商业发展起来的,因商而兴,以商立市。[1] 实际上,近代百年中国一切事业之革新,上海均是先导,无论政治、教育、商业、工业等改革的发源地皆为上海。上海不仅仅是一座饱含着商业文化的城市,并且由此决定了上海有着开放、勇敢、创新、融合的历史文化基因。

正因为商业贸易不仅是近代上海的经济支柱,而且是推动上海城市发展的主要因素,并因此形成了以商人为核心、以商业为支柱的重商的社会环境。商人成为具有重要影响力的社会群体,在上海社会生活中扮演着非常重要的角色。一是商人的规模大,租界内的商号在 1909 年已增长到 10 528 家。[2] 二是商人的社会影响力大,随着上海的开埠,由于上海商业贸易的高度发展,近代上海逐渐形成了以商人为核心的商业化社会。1896 年 3 月 9 日《申报》中就曾写道:"中国之政崇本抑末,历代以来皆重农而贱商……降之今日,环地球皆为通商之国,终千古皆为通商之局。商务之盛衰,即人民贫富之所系;人民之贫富,即国家强弱之所制,又安可漠

---

[1] 张仲礼. 近代上海城市研究(1840—1949 年)[M]. 上海:上海文艺出版社,2008:9-15.
[2] 刘惠吾. 上海近代史(上)[M]. 上海:华东师范大学出版社,1985:332.

视商政而不加董理乎？""为今之计，唯有保商、护商，自重其商，或藉商人以助国势，未始非补苴之良法。"① 与封建社会时传统农业社会中的"商贱"不同，"商贵"是上海在特殊的社会环境下形成的商业文化，即与中国传统文化所不同的海派文化。

三、新式商业行业的出现

开埠后，对外贸易迅速发展，上海很快取代广州成为中国贸易的重心。"对外贸易是近代上海经济发展的起点，它的发达首先直接刺激了近代上海商业的繁荣。"② 新型的资本主义关系逐渐出现。外国资本在沪开办洋行，买办的规模逐渐扩大，从替洋行经销洋货和收购土货转向独立经营，从事商业行业，如仁记洋行买办徐萌生开设谦泰利炒茶栈、怡和洋行买办徐惠人开设顺利五金号等。这时规模较大的京货店、广货店、京广杂货店、洋广杂货店已经采用了经销、代销、包销等多种资本主义经营管理方式。以农产品经销为主的传统商业行业，如丝茶业由单纯内销转变为内销加出口。其经营方式也由自产自销、前店后场、边生产边销售的传统形式向新式经营方式转变，建立了新型劳务雇佣关系、采用新式销售方式等。

商业行业逐渐出现批发、零售的专业分工。1880年以后，各地向上海采办洋货的客帮日益增加，洋行已不再接受小户的订货采购，较大的洋广杂货铺就开始兼营洋货批发业务。③ 洋广杂货铺分化为以主营批发业务的华洋杂货业和主营零售业务的小百货商店。来源于国外商业模式的新式商业——近代百货业也在上海生根发芽。

伴随国际贸易商务往来，新式商业行业在此时应运而生。洋货经销因主营业务的不同，形成了洋布业、五金业、西药业、颜料业、呢绒业等。其中洋布业就是因为专销洋布的清洋布店数量增多而发展起来的。上海第一家清洋布店是1851年左右开设的"同春洋货号"（又称"同春洋布抄庄"），专营洋布的内庄批发和零售。④ 到1858年，清洋布店就已增加到15家左右。并成立了具有同业公会性质的"振华堂"洋布公所，形成专营机制棉织品的商业行业。1884年清洋布

---

① 朱英. 近代上海商业的兴盛与海派文化的形成及发展[J]. 三峡大学学报（人文社会科学版），2001（8）：13-19.
② 谯枢铭，等. 上海史研究[M]. 上海：学林出版社，1984：179.
③ 上海百货公司，上海社会科学院经济研究所，上海市工商行政管理局. 上海近代百货商业史[M]. 上海：上海社科院出版社，1988：22-23.
④ 中国社会科学院经济研究所. 上海市棉布商业[M]. 北京：中华书局，1979：9-11.

店增加到62家,1900年增加到140家左右。①

新式五金商业行业也是这一时期萌生出的。开埠前,上海的五金商品比较单一,以铜锡器和铁器为主,经营类型也是传统铺坊,一面简单生产制作,一面销售。开埠后,进口五金商品品种多样,数额巨大,交易流程复杂,传统五金铺坊无法承接。五金商业在此时出现。最著名的行业领导者是朱葆三和祝大椿两人。他们涉足的行业都比较繁杂。朱葆三除从事五金业外,还经营银行、保险、航运、丝织、公用事业等企业。因经营进口煤铁五金发家的祝大椿从事的行业更加多样,先后在上海、苏州、无锡、扬州等地独资或合资开设了一大批近代工厂,涉及碾米、面粉、缫丝、造纸、打包、电灯、棉纺等工业部门,投资总额接近200万两。自1862年上海第一家经营进口五金的店号——顺记洋什货号开设后,到1900年左右先后开设"元昌、老顺泰、慎记、义昌成、柏记、顺利、瑞昌顺、正昌"等共58户经营进口五金的店号,从业人员510人,资金114万银两。②

第二节　上海的城市之根

开埠前,上海老城厢包括城内及十六铺;开埠后,随着租界的开辟、闸北的兴起,城厢的范围逐渐扩大,泛指整个上海县(曾属江苏省,今属上海市闵行区)所属的范围,包括城内、南市、新闸、老闸、江境庙等地。③ 上海老城厢地区是与近代上海关系最直接、最紧密的地方。早在1291年上海正式设县以来,老城厢就是中心区,可以说老城厢地区是上海城市发展的初始地,是上海的城市之根、发展之源、文化之脉和传统文化展示的窗口。

一、开埠前的老城厢

上海老城厢是上海历史的发祥地。自北宋设立上海务、南宋设立上海镇、元代设立上海县后,老城厢逐渐成为上海政治、经济、文化的中心。它的发展大体

---

① 中国社会科学院经济研究所.上海市棉布商业[M].北京:中华书局,1979:26、45-46.
② 上海社会科学院经济研究所.上海近代五金商业史[M].上海:上海社科院出版社,1958:12-16.
③ 上海通志馆,《上海滩》杂志编辑部.城市之根——上海老城厢忆往[M].上海:上海大学出版社出版,2019:229.

遵循符合各时代经济发展客观要求的演进过程。尤其是,开埠前南北航线和长江、内河、远洋航线的贯通,沟通了上海与沿海各港口、长江沿岸地区的各个城市,促进了上海地区贸易、埠际转运和国内区域贸易的发展和繁荣。海运漕粮的兴起,带来上海沙船业和水上运输的繁荣。上海老城厢地区濒临浦江,浜河星罗,如肇嘉浜、方浜、薛家浜、陆家浜、侯家浜、中心河等;桥梁棋布,号称"有舟无车的泽国"。明代中叶上海开始修筑城墙将老城厢围住来抵御倭寇侵扰。

到清代,老城厢地区的河岸及桥梁周边已经自然发展成为居民聚集区和商业汇集地。清中叶,上海县城城内已经有大小街巷60多条,从明弘历年间的新衙巷、新路巷、薛巷、康衢巷、梅家巷5条街巷发展到清康熙年间的25条街巷。嘉庆二十一年(1816)上海县城已有63条街巷。[①] 街巷的增多意味着老城厢地区已经聚集了较大规模的人口,具备了形成商业聚集区的重要前提。随着商

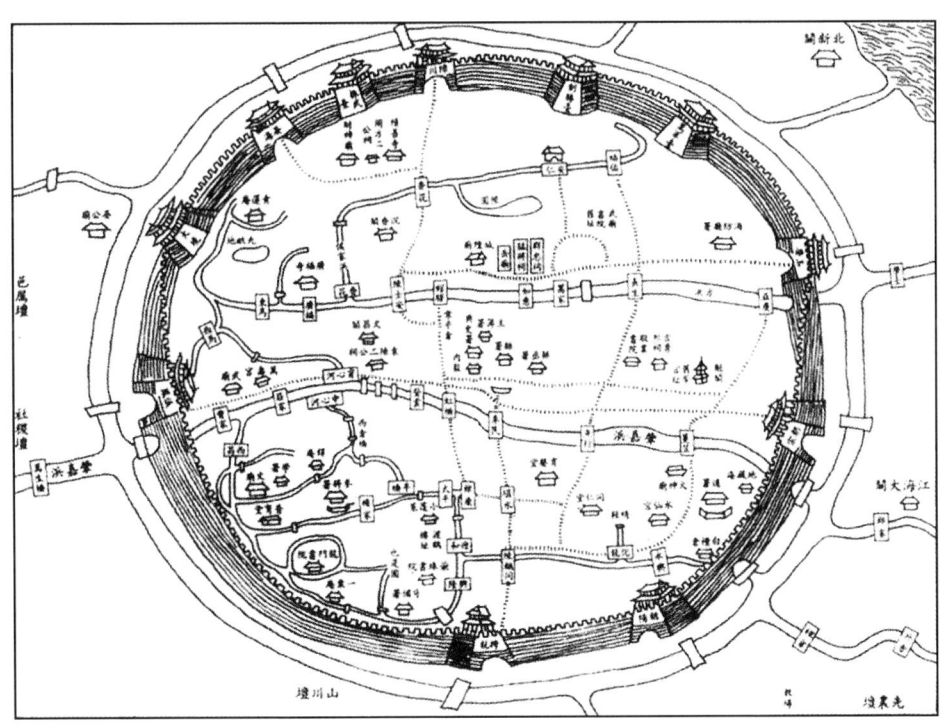

图 2-3 清同治年间上海县城图

资料来源:许国兴、祖建平,《老城厢——上海城市之根》,同济大学出版社 2011 年出版。

---

① 上海通志馆,《上海滩》杂志编辑部. 城市之根——上海老城厢忆往[M]. 上海:上海大学出版社出版,2019:210.

业贸易的进一步发展,老城厢地区形成了规模性的商业活动聚集区,即南市,其地理范围主要包括大东门、小东门和大南门之周边区域。该区域还呈现出同类行业集中分布的特点,即售卖同类型商品的商店往往喜欢选址在同一条街道上,久而久之该街道便以耳熟能详的行业命名,如豆市街、菜市街、火腿弄等。① 周边市民对日常生活用品的需求也逐渐形成了比较稳定的购买偏好。

老城厢(表2-1)地区以北形成了与南市相对的北市,主要指苏州河南岸从老闸到新闸一带。北市是因交通便利、可供船舶停泊和货物转运而形成的。早期北市的繁荣程度远不及老城厢一带的南市。开埠后,随着商业交易的发展和扩张以及租界的设立,北市便逐渐繁荣起来。

表2-1 明清时期老城厢的行业分布

主营业务	位置分布	地位	典型商铺
腌腊、棉花、绸缎、绣品、皮货、木器、药材等	小东门大街	上海最繁华的商业区	童涵春国药号、万有全腌腊店、老德泰铜锡号
糖	洋行街	上海糖业贸易中心	益纪、和兴、裕丰恒、元泰恒、和源
福建特产	小东门大街北侧的里洋行街和外洋行街(阳朔路)	—	—
主营南货,包括咸鱼、腌腊、瓜果、桐油、药材、海味等	小东门大街以南的里咸瓜街、外咸瓜街	—	—
银楼业	小东门和大东门	—	老庆云、裘天宝、老凤祥等
豆、麦、米、食油	大东门大街以南的豆市街	批发商行集中地	致祥、义昌、益康、益慎、恒久
棉花堆栈、棉花商行	大东门大街以南的花衣街	—	—
100余家竹木行	大东门大街以南的竹木行街市,自花衣街以南至南码头江边	—	萃丰、久大、聚丰、震丰

---

① 陆兴龙. 近代上海南京路商业街的形成和商业文化[J]. 档案与史学,1996(3):50-54.

(续　表)

主营业务	位置分布	地　位	典型商铺
百货	城内城隍庙街市	百货零售和小商品批发市场	—
成衣	城内肇嘉浜北侧彩衣巷	—	立大、协泰、福泰、陈大亨

资料来源：许国兴、祖建平，《老城厢——上海城市之根》，同济大学出版社2011年出版。

二、开埠后的老城厢

（一）老城厢的近代化

上海开埠后，租界把上海老城厢以外的区域分割为由英租界和美租界，后来这两个租界合并成为公共租界、法租界和华界。太平天国运动、小刀会起义对属于华界城区的老城厢地区破坏巨大。[①] 老城厢的主要经济支柱——沙船业受轮船业的兴起而逐渐衰落。丝织业、棉纺织业、钱庄和商铺等也逐渐向租界转移。与租界先进的城市建设、规范的市政管理相比，老城厢地区的城市公共设施建设和管理滞后，公共照明、自来水、消防、环卫服务等均严重缺失，租界最终取代老城厢成为上海社会、经济、文化的新中心。

为了满足南北两市的商业交易以及租界与老城厢地区之间的商业往来，上海行政当局批准于1912年启动拆除城墙工程，使老城厢在地缘上同租界以及城外华界连成了一片。上海老城厢地区也开始学习租界区内先进的城市治理和公共设施建设经验，全面开启了近代化的进程，上海因此开创了多个"全国第一"，如第一家华人兴建的发电厂、第一座华人创办的水厂、第一家华商创办的电话局、第一家民办轮船航运企业、全城最高的建筑物——警钟楼、第一辆中国人创办的电车等。老城厢地区现代城市治理体系不断优化，自1917年通电、1920年通自来水后，交通路网、公共体育场、警钟楼以及救火联合会都相继建成。

（二）居住和商业融合

1853年9月，小刀会占领了上海县城，与清军展开长达一年半的拉锯战，大

---

① 王娟,万勇,李娇. 浅析上海老城厢的角色演进与文化特质[J]. 中国名城,2017(10)：41-44.

量城隍庙附近居民为避战火而移居较为安全的外国租界,战乱使得"华洋分居"的格局被彻底打破。与此同时,受太平天国运动的影响,江浙地区大量难民涌入上海,尤其是上海租界来寻求庇护。据统计,1853年租界内只有约500名华人,1954年就飙升到2万人,1865年时已近15万人。上海地价也从每英亩(1英亩约为4 047平方米)50英镑飞涨到2万英镑。为应对急剧增长的住房需求,里弄房应运而生。里弄融合了中国传统住宅建筑对外较为封闭的特点和西方联立式住宅的布局方式,并汇集了两者优势,既保持了空间较强的私密性又具有较高的空间利用率。因此,19世纪末20世纪初,受租界内里弄住宅的影响,上海老城厢内外华界区域也开始大量建造起里弄住宅。

1949年以前,上海约3/4的居民住宅是里弄房子。[①] 里弄是上海城市居民的主要生活空间。里弄里的房屋除了具备居住功能以外,还也可以吸纳各种商业业态,成为居民营生的载体,兼备复杂多样的商业功能,是上海市井文化养成场所和商业聚集区。

老城厢内各式石库门里弄住宅(图2-4)的布局设计非常巧妙地满足了居住和经营的双重要求,具有较强的功能适应性。人们一般会利用前面一排或几排临街的房子开设小商店。不临街的里弄住宅,一般会在满足基本居住功能外,利用剩余闲置房屋开设小商店。实际上,里弄经营是采用将住宅作为商用的"舍宅为店(厂)",或是将住宅和商用混合的"前铺后居"和"上居下铺"的方式,成为集合居住、商业和小手工业为一体的混合空间形态。其功能与西欧工业革命前的商业革命时代的城镇生活模式有不少相似之处。

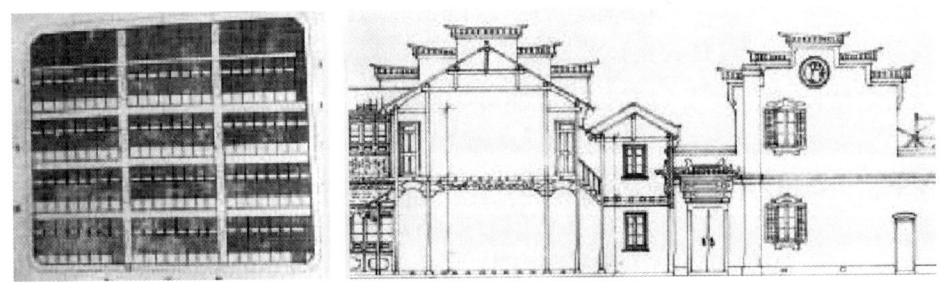

图2-4 老式石库门里弄住宅

资料来源:陈从周、章明,《上海近代建筑史稿》,上海三联书店1988年出版。

---

① 上海市统计局.上海:改革、开放与发展[M].上海:上海三联书店,1988:437-438.

里弄中的经营活动,虽然受到空间限制,不可能有太大的规模,但具有独特的优势和特色。一是贴近居民生活。里弄商店的经营范围广,与附近居民的生活息息相关,如米店、成衣店、日用品店、私人诊所、烟酒糖果店、小吃店、饭馆等;也是满足老城厢地区居民日常生活所需商品和服务的主要来源,例如裕德里是由广西路、北海路、云南路和爱多亚路围成的一片区域,沿街和弄内经营着89家营业场所,包括餐饮、成衣铺、药店、照相馆等。二是密集程度高。里弄沿街商店和里弄内部商店极为密集,居民购买商品非常便利。三是里弄中经营活动的规模虽然小,但是极具灵活性,随时可以根据市场变化来调节经营内容。如20世纪20、30年代,里弄里的小手工工场开始专注大企业不曾涉足的一些领域,以制造新兴日用品居多,如毛纺织、电力丝织、家用电器、漂染印花等。在抗日战争爆发后,上海的里弄经济转而制造短缺的日常生活用品,如玻璃、热水瓶、灯泡、陶瓷、炉子等①家居用品,粮食、调味品、零食、水果、酒、肉、蔬菜等食物以及煤、布料等日常生活必需品,外加洗衣、裁衣、理发、修理等家居服务……

第三节　远东第一商业街

开埠前,上海的商业区主要在老城厢一带的大小东门和北门城厢附近。开埠后,由于对外贸易和埠际贸易的迅速发展,上海的商业中心很快就向北转移。一个不同于老城厢商业区的新兴租界商业区就产生了。南京路(今南京东路)是那个特殊时代上海商业发展的典型代表。自1865年南京路重新扩建后,经过几十年的发展,南京路已经成功地汇聚各类商店、工厂销售门市和百货公司等,也因此被誉为当时的"中华第一商业街""远东第一商业街",并取代南市老城厢地区成为上海商业文化新的亮点和据点。

一、打破老城厢旧格局

开埠后,上海县城以北被圈为租界,位于租界中心的南京路逐渐发展成为聚集新式商业的商业街。南京路本是一条狭窄的通江便道,却因为建立了上海第

---

① 左琰,安延清.上海弄堂工厂的死与生[M].上海:上海科学技术出版社,2012:90-91.

一个跑马场,而登上了上海商业发展的历史舞台。外国侨民将这条路称为"Park Road",译为"花园弄",是近代上海最早的马路之一。随着公共租界的扩大,花园弄不断延伸,1865年正式改名为"南京路"。后在南京路的南面相继开通九江路、汉口路、福州路等马路,并连接南京路和静安寺路(今南京西路)。经过一系列复杂而艰难的改扩建工程,上海租界内已经基本形成了较为完善的道路网,主干道包括从黄浦江边自东向西的通江大道和从苏州河到洋泾浜南北之间的道路。租界区域向世人展示的面貌与老城厢地区拥挤狭小的里弄街道形成了鲜明的对比。其中,位于租界中心的南京路自然成为租界道路网中最重要的主干道并逐步声名鹊起(图2-5)。

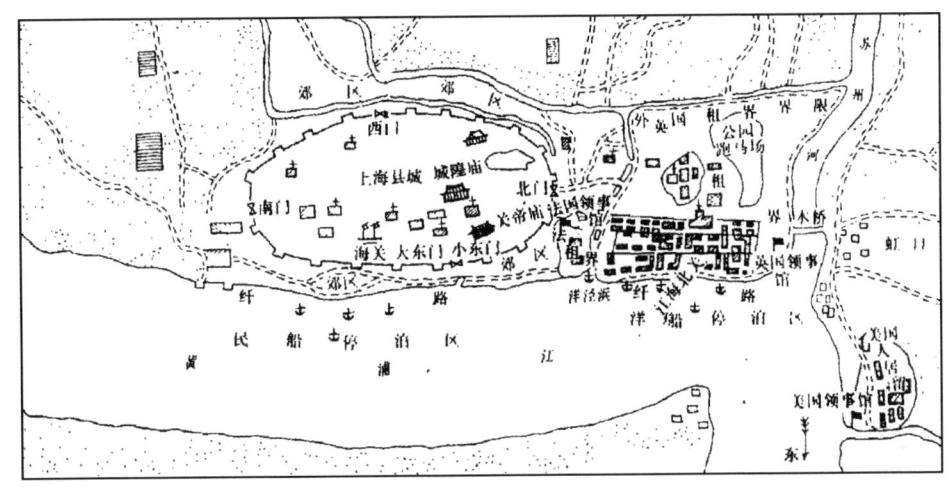

图 2-5 1853 年上海地图

资料来源:《上海港史话》编写组,《上海港史话》,上海人民出版社 1979 年出版。

随着洋行从广州向上海的转移,上海洋行数量迅速增长,从1843年的11家迅速增加到1854年的20家,到1860年便超过了200家。呈现出繁荣之态的黄埔江边和南京路理所当然地成为洋行选址的集中地,如怡和洋行、沙逊洋行、泰和洋行等。以销售洋货和广东手工艺品为主的广货店,经营本地手工业品和苏杭产品的京货店,还有销售洋货和高档商品的洋广杂货店或洋杂货店均选址在南京路。如老悦生、乾亨、有彰、有隆等字号,还有德同祥、同春祥、兴昌祥、金昌盛、恒昌等商号。除此之外,南京路上还云集着各类专业商店,例如,绸缎布匹店如老介福、协大祥、宝大祥,鞋帽店如中华、天禄、盛锡福、小花园等,钟表店如亨达利、亨得利、大光明等,眼镜店如吴良材、茂昌,景德镇瓷器店如国华陶瓷店,①以及一些独家经营的店铺,如张小泉刀剪店、王星记扇庄和前店后工场的南洋衫袜店、乐源昌铜锡五金店和老凤祥、袭天宝银楼等。② 各类商店不断涌入南京路,有在南京路新开的,也有从其他地方直接迁入的,还有在南京路开设分店的。南京路成为一条汇集上海商业精华的商业街。

上海市的商业格局发生了明显变化,即冲破了封建城镇的商业区模式,突破老城厢一带的旧格局,向租界区转移。从而形成了租界商业区与老城厢商业区的对峙局面,并且呈现租界商业不断繁荣,南市城厢逐渐没落的趋势。洋商设立的百货商场,如惠罗、泰兴、福利等,华商设立的百货公司,如先施(Sincere)百货公司、永安(Wing On)百货公司、新新(Sun Sun)百货公司和大新(Da Sun)百货公司、中国国货公司等如雨后春笋般涌现,进一步加深了南京路商业的繁荣程度。南京路也逐渐成为上海的商业中心、海派文化中心。租界的商业取代老城厢商业成为整个上海经济活动的主宰。即有谓:"南北两市分开忙,南为华界北洋场,有城不若无城富,第一繁华让北方。"③此时上海的城市格局已经转变,即"租界日盛,南市日衰"。老城厢与租界之间在近代物质文明发展上的差异进一步拉大了两地商业发展的差距,加剧了两地在人、财、物等资源配置的不均衡。南京路逐渐代替了老城厢地区成为上海的经济中心和商业中心。

一方面很显然是得益于上海作为中国内外贸易中心、经济中心和金融中心,在与全球各地商埠密切贸易往来和频繁航运联系的过程中,所产生的经济集聚效应;另一方面也得益于上海始建于洋务运动所形成的基本齐全的工业门类和在商业的发展中积淀形成的上海居民独特的消费偏好、性格和文化。因此,南京路上的各类商店不仅集中了国货精华,也能够货搜全球,做到"买全球,卖全球"。1906年,南京路上有洋广杂货、洋布绸缎、衣庄、银楼、茶食等30余种行业184家商店;1914年以后,随着南市老城厢的老铺开始大规模地向南京路迁移,1918年上海南京路的商业门类已达数十种,店铺总数达300余家。1928年南京路具有现代性质的商店数达到277家。④

---

① 葛元煦,黄式权,池志澂. 沪游杂记 淞南梦影录 沪游梦影[M]. 上海:上海古籍出版社,1989:8.
② 吴逸,陶永宽. 上海市场大观[M]. 上海:上海人民出版社,1981:102-109.
③ "有城"指南市原有城区,"无城"指无城墙的租界区。颐安主人的《沪江商业市景词》。转引自:张仲礼. 近代上海城市研究(1840—1949年)[M]. 上海:上海文艺出版社,2008:141.
④ 《上海市黄浦区志》编纂委员会. 上海市黄浦区志[M]. 上海:上海社会科学院出版社,1996:145-146.

二、新商业业态的出现

开埠后,受福利、汇司、泰兴、惠罗等四大洋商百货公司的影响,许多近代新式商业业态在南京路这片区域悄然出现,如以经销全球百货为特色的四大百货公司,即先施百货公司、永安百货公司、新新百货公司和大新百货公司。四大百货公司集购物、餐饮、娱乐等为一体,兼具销售、展示、社交、休闲娱乐等功能的商业综合体。也有因为经销洋货而形成的专卖店、专业市场等新业态,如吴良材、茂昌等眼镜专卖店,亨达利、亨得利、大光明等钟表专卖店,以及洋布店、呢绒西服店、西药店等。

南京路上的一些传统专门商店,如绸缎局、银楼、扇庄、古玩行、鞋帽店等也从百货公司的营销手段和经营管理中受到积极启发,开始追求店铺装饰和橱窗陈列,制作独具匠心、与众不同的广告宣传。曾任《良友》画报主编的梁得所曾描述道:"这条路的商店,店面装饰很讲究,宽大的玻璃橱窗中,五光十色,什么都有。上海的旅客,不妨在灯火灿烂的夜间,浏览两旁橱窗,足以增加美术兴味和货物见识,获益一定不浅。"①在特定时代,类似的好评还有很多,这在一定程度上反映了中国商人十分高效地模仿了当时发达的商业经济模式。

长期以来,南京路一直是兼容中西、推陈出新的代名词,是上海率先进入近代社会的标志。在这里新生出许多在上海老城厢地区不曾有过的商业业态。在上海从"上海镇"到"上海县"再到1927年南京国民政府成立"上海特别市",1930年又改名为"上海市"的时代蜕变中,人们新的消费需求被不断激发,与对外贸易、埠际贸易、国内贸易一同强力驱使着上海商业的不断进化,并催生出诸多商业新业态,进而带动整个工业的发展。正如美国学者尼尔·弗格森的描述:商业消费与生产部门之间的互相促进是推动资本主义不断发展的动力。②上海的近代化,也正是在以南京路为代表的近代消费与以近代工业部门发展为代表的生产之间的互相依存和促进中,形成了推动那个特殊时代上海资本主义不断发展的动力。在这个过程中,南京路商业区、企业家精神、近代商业文明、理性市场机制、新商业业态、上海市民意识和自治意识、城市治理等概念和实践相继出现,并对全国,特别是江南地区的持续发挥着积极的示范作用。

---

① 叶中强. 民国上海的"城市空间"与文人转型[J]. 史林,2009,(12):20-22.
② 尼尔·弗格森. 文明[M]. 北京:中信出版社,2011:201.

三、近代商业的发祥地

总体而言,一个地区商业的繁荣程度反映了这个地区经济的发达程度,而商业街又可被视为一个城市经济社会发展水平的缩影。先后创办的先施(Sincere)、永安(wing On)、新新(Sun Sun)、大新(The Sun)等四大百货公司均选址在南京路,其建造宏伟、装修考究。它们以销售全球商品和国内土特产为主营业务,同时涵盖餐饮、娱乐、旅馆、金融保险等多个行业。四大公司在南京路激烈的竞争,折射出当时中国第一商业街的繁华程度。十里洋场并不是指从静安寺到外滩的十里长街,而是以四大百货公司为中心的"周匝十里"的商业圈。

南京路是中国近代商业的发祥地之一,也是上海近代商业发展的载体。南京路的发展带动了周边地区的发展,逐渐形成了以南京路为核心覆盖南京路周边地区的商业区。南京路以北区域的商业业态大多较为初级,它们主要是简单技术生产的重工业制品,比如柴炭、铁铺、木器、五金、装潢、漆业、车行等;南京路以南区域的商业业态大多比较高档,主要为轻工业制品,包括服装、鞋帽、礼品、皮货、呢绒、古玩、药业、信局、糖业、文化等。[①] 关键是在这个自发演进的过程中出现了行业聚集现象,典型的例子如北京东路聚集五金业,福州路聚集文化用品业,石路(今福建中路、南京东路以南地段)聚集估衣业,汉口路聚集礼品业,宁波路聚集装潢五金业,大新街(今湖北路)聚集服装业,广东路(今福建中路以西)聚集汽灯业,小花园(今浙江路上,福州路,广东路之间)聚集女鞋业,[②] 河南路、福州路以西路段,则皆为各类商店、饭店、戏院、茶楼聚集之处。[③] 这种聚集状况显著降低了供求双方的交易成本。

在一个不算短暂的历史时间内,南京路是一条新旧并存的商业街。南京路集合购物、酒店、娱乐、餐饮等功能,营造出新型商业中心和新型都市生活空间。四大百货公司成就了南京路,南京路也造就了百货公司集群。南京路以新"四大公司"为中心聚集了华商百货,除了四大百货公司外,各种传统小规模的专门商店也为数众多,各种规模、档次的商店扎堆布局。此外,20世纪20年代的南京

[①] 万勇. 近代上海都市之心——近代上海公共租界中区的功能与形态演进[M]. 上海:上海人民出版社,2014:54.

[②] 马学强. 上海城市之心:南京东路街区百年变迁[M]. 上海:上海社会科学院出版社,2018:41.

[③] 马学强. 上海城市之心:南京东路街区百年变迁[M]. 上海:上海社会科学院出版社,2018:39.

路还云集了外国洋行 16 家、华洋杂货店 27 家、洋布店 93 家、绸缎店 20 家、呢绒西服店 12 家、鞋帽店 14 家、钟表店 13 家、眼镜店 7 家、银楼 14 家、珠宝玉器店 6 家,以及药店、客栈、浴池、酒楼、饭店等数百家。[①] 但百货公司的出现,带来了新的销售方式、新的经营管理模式,直接影响了南京路上传统商店的经营活动。这些传统商店从百货公司中吸取了新的商业理念和经营方式,进而与百货公司互补并存。

总之,近代南京路是一条华洋杂处的商业街。南京路以其独特的魅力,吸引了中外洋行、洋商和华商百货。虽然洋商在总量上少于华商,但其先进的经营理念和销售方法影响着华商百货,集中体现在以下三个方面:首先是注重外观,数量众多的华商商铺都比较低矮,洋商尤其是洋商百货公司却非常注重建筑外观设计,以此吸引消费者驻足停留,在某种意义上类似现代广告宣传。受此影响,四大百货公司在楼宇建设伊始就非常重视建筑外观,确保其具有宏伟的气势和巍峨的形象。其次是营造良好的购物体验,力求给消费者带来愉悦和便利。洋商百货公司尽可能将所有商品陈列在玻璃展架上,便于消费者挑选。外资商店也精心设计,利用沿街玻璃橱窗展示商品,力求吸引路人眼球。最后是重视广告宣传和营销。洋商百货商店、西药店、洋行利用醒目的大减价信息吸引顾客,并充分利用报纸投放广告来增加商品的知名度,提高市场影响力,开发消费需求。这些近代先进的经营理念和销售方法长期影响着南京路上形形色色的店铺,被各商家相继模仿,使南京路上的商业呈现出一片繁荣景象,持久地影响着中国内地其他城市商业的发展。

毫无疑问,南京路是一条中西文化融合的商业街。近代西方文化随着租界和贸易来到上海,随之而来的自然还有各种文化和意识形态的碰撞。而海派文化就是在这种中西文化碰撞中孕育而生的。南京路的商业文化正是海派文化在商业领域中的体现。这种商业文化既汲取了中国传统商业文化的精髓,又毫不畏惧变革。它以一种拥抱变革的态度面对开埠后西方近代商业文化的到来,又兼容并蓄地保持和弘扬了中国特色。这种融合中国传统经营哲学和西方现代商业经营思想后形成的上海海派商业文化,具有强大的开放性、包容性和创新性。就开放性而言,长期以来上海保持着对外开放的传统,历史上的上海务、上海镇、上海县皆因贸易而兴盛,因商而建立。近代上海的开埠又进一步增强了上海人

---

① 徐柯,徐仲可.上海商业名录[M].北京:商务印书馆,1920:47.

商业意识的开放性。在对外开放过程中,西方近代商业文化与中国传统商业文化融合,建构了上海独特的海派商业文化。因此,可以说开放性是海派商业文化得以产生的重要前提条件。相应地,上海商人在长期开放的环境中,逐渐养成了开放的眼光和开放的精神。就包容性而言,在开放的视野和对外开放意识的支持下,上海商人对自我天花板的认知是极其敏感和到位的。长期以来,上海商人从经济实践中确信,在机会权利均等的前提下,要想在竞争激烈的商场中求得生存和发展,就必须有海纳百川的气度,不断从先进的经营理念、营销手段、管理经验中汲取养分,以服务于自身完善和环境的变革。就创新性而言,诸多上海商人在不断地自我完善和制度变革的过程中,构建着自己的商业帝国,开拓了一个又一个经济上的"第一"和"最"。他们所构成的民族资本家群体共同书写着企业的经营哲学和近代企业家精神,思考着最优企业盈利的模式和相宜的企业管理模式,并以创新精神不断探索着产品营销方式和品牌建设模式。这些就是上海海派商业文化在实践层面的具体呈现。

第三章　上海零售的传统商业业态

上海百货零售业以售卖洋货发轫,是近代较早形成的资本主义新式商业行业。百货零售业的经营形式多样,包括各类中小型零售店和杂货铺等。上海日用品、杂货业按照经营范围可以划分为小百货、华洋杂货和环球百货等。小百货即为小零售,店铺较小,用于满足居民日常生活所需;华洋杂货是批发商行,不属于百货零售业的范畴;环球百货即大百货公司,经营范围涵盖了广货、京货和洋货。四大民族百货公司的出现,标志着上海正式成为近代中国百货业中心,它们是近代零售业的标杆,标志着上海商业的进一步近代化。四大百货公司的服务范围遍及全国,营销理念与营销模式至今仍然影响着上海的百货业态和消费者购物心理。

第一节　上海小百货零售业

一、上海杂货店的演变

上海百货商业可以追溯到开埠前的杂货店。早期上海杂货店主要经营附近地区手工业产品、农副产品,少数店号兼营南北土特产、手工商品、农副商品、常用药品、日用百货等[①],经营方式主要是零售。杂货店的资本和规模较小,往往前店后家,以夫妻店为主要经营模式,集中在南市。开埠后,杂货店因经营范围

---

① 佟银霞.吉林市城市近代化研究[D].长春:东北师范大学,2011:5.

的不同大致按照三个方向分别发展。其中一部分杂货店继续原有的经营模式，主营低档商品，并逐渐发展为各类专业商店；另一部分杂货店发展为"京货店"，以销售高档商品为主，主要包括手工业品和手工艺品；再有一部分以经营洋货为主的杂货店，按照洋货占全部经营商品比例的不同，分为"广货店""洋广杂货铺"和"京广杂货铺"。按照零售和批发的不同，"洋广杂货铺"又逐渐分化出小百货零售商店和华洋杂货批发业。① 其中百货零售商店的规模相对较小，但是数量众多、选址分散，遍及全市各个街道，为民众提供了日常生活用品和食品。根据商品来源的不同，华洋杂货批发业又可被划分为专营欧美商品的西洋庄和专营日本商品的东洋庄。"京广杂货铺"也逐渐分化为主营日用品的百货零售商店和各类专门的商店，如洋布店等（图3-1）。

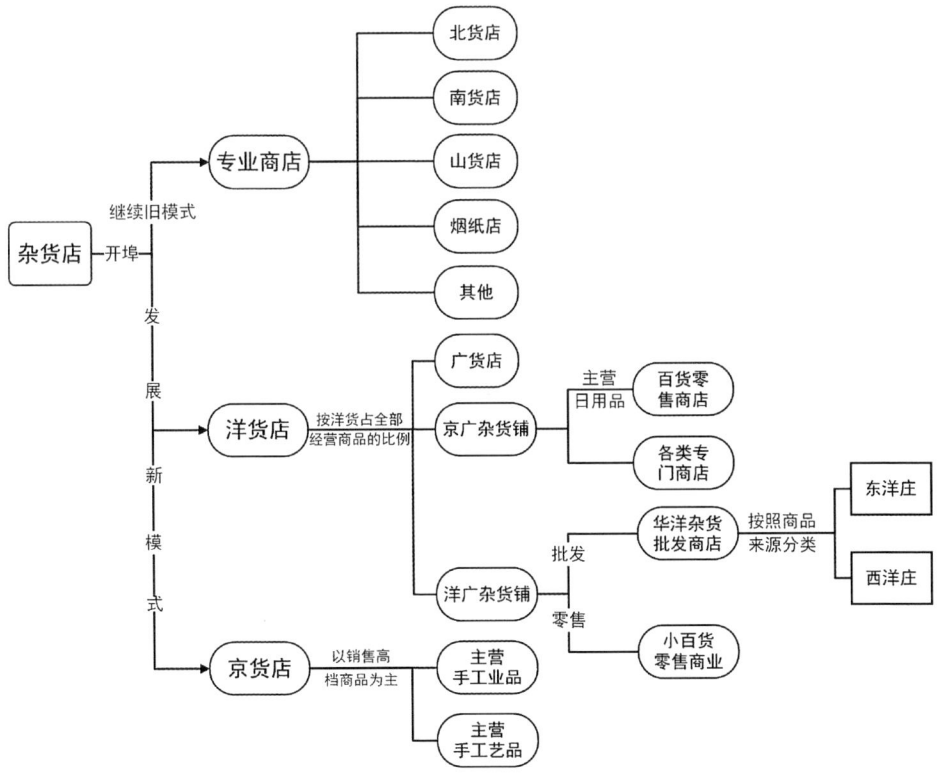

图 3-1　上海杂货店的渊源

---

① 上海市商业一局所著的《上海市百货零售商业摸底情况报告》，转引自：上海百货公司，上海社会科学院经济研究所，上海市工商行政管理局. 上海近代百货商业史[M]. 上海：上海社会科学院出版社，1988：26.

19世纪60年代出现的"京广杂货铺"的规模要大于"广货店",19世纪70年代开设的大型"洋广杂货铺",资本在一二万两左右,起初批零不分,在零售的同时为适应小户和外埠客商的需求,同步开设了帮助采办洋货的业务,兼营洋货批发业务。小型的"洋广杂货铺"则主要从事门市零售业务。在这个过程中,逐渐形成了批发和零售的业务分工。随着我国轻工业的逐步发展和上海人口的日益增加,洋广杂货店就渐渐发展,规模日益壮大,经营商品也由手工业品逐渐转变为以国产轻工业品为主。[①] 1880年何宝林开设了何锦丰洋广货店铺,1896年以后,逐渐扩展了多家店铺,直至第一次世界大战前夕,积累资本达几十万两,成为行业中分店设立最多、资本积累最快的大型零售商店。[②]

二、小百货零售业的发展

(一) 战前小百货零售业

1925年后,批发和零售的分工日渐明显,百货批发同业公会和百货零售同业公会成立,百货业的行业户数也逐渐增多。1929年前后开设的百货零售店就有天福、春源盛、源兴、源茂盛、升大祥、三星、唯新等十多家。战前小百货业的发展特色之一是国货商场的出现。随着反帝爱国运动的展开,人们追捧国货的热情不断高涨,如1926年上海民族工业厂商为开拓产品销路,设立国货商场,规模不大,专卖国货。"九·一八"事变后,上海机制国货工厂联合会也组织国货推销。五四运动后,上海民族轻工业筹办了"中华国产联合大商场"。除此之外还有上海市商会北市国货商场、南北国货商场、南市蓬莱商场、国货便宜市场、中华国产棉布市场、南京国货联合市场、中央国货大市场、沪西区国货临时商场、沪西国货商场、沪西联合国货大市场、三十国货工厂联合商场等。[③] 总的来说,战前上海小百货零售业的总户数有大幅增加,小百货零售商以中小型百货零售商为主,国货零售商占比有明显的提高。

爆发于1929年的世界经济大危机持续了四年之久,从证券市场蔓延到金融体系,席卷整个资本主义世界。以美国为首的资本主义国家开始放弃金本位,大

---

① 苏威.清末民初上海零售业态变迁原因简析[J].北京工商大学学报(社会科学版),2010(1):111-114.
② 上海百货公司,上海社会科学院经济研究所,上海市工商行政管理局.上海近代百货商业史[M].上海:上海社会科学院出版社,1988:21-22.
③ 侯燕.南京国民政府初建时期的商业概况(1927—1937)[D].厦门:厦门大学,2002:5.

量收购白银,并对华倾销大量剩余物资①。再加上1931年"九·一八"事变和1932年"一·二八"事变的影响,使得上海的工商业遭受巨大打击。上海本为全国工商业之中心,自"九·一八"事变以后,经济情况一落千丈。例如南京路一带商店竟有半数负债累累,经营惨淡,难以维持。因经济困难而倒闭宣告清理者竟达200余家,上海公共租界的商业情况如此,华界之商业情况更可想而知。② 上海工商业普遍的萧条,加剧了同行的竞争。

就小百货零售业而言,普遍的做法是采用减价的方式搞促销,并应运而生了"叫货店"的经营方式。仅1933年到1935年间,"叫货店"就有百余家。之所以称之为"叫货店",源自其吸引顾客上门购物的方式,一般由两个人,一手持货,一手持喇叭、铜锣之类制造声音的器物,敲打高喊,推销商品。此类店铺的开店费用一般较少,出资人大多是经历了前一个公司倒闭的资本家或是有一定积蓄的失业员工。营销的商品基本是中低档商品,多来自向厂商赊购。以罗力叫货店为例,开店成本不高,经营状况良好,店铺存货六七万元,其中借款一二万元,月息二三厘,赊购商品四万元左右,其中虹口香烟桥分店的每月营业额就三万余元,毛利率为20%~30%,纯利率约5%。③

这一时期零售业的另一个特点是洋货涌入中国市场,尤其以日货最为兴盛。日本为全力控制中国市场,在上海、广州开设日货商场以低价倾销日货。据统计,除毛巾、袜子等针织棉织品的国货占80%以上的比重外,其他百货商品,洋货的比重基本达到60%,而玻璃制品、玩具、香皂、梳子、皂盒等商品基本都是来自日货。④ 受洋货的冲击,上海民族百货工业为推销国货采取了并不经济的方式,即投资商业,设立门市部。1933年5月针织工业同业公会的161家会员中就有88家设立门市部。

(二) 战时小百货零售业

全面抗战前夕,1936年上海小百货有700余家,资本总额约300万元,营业

---

① 韩毅. 论工业现代化的世界历史进程[J]. 中国社会科学院研究生院学报,2007(1):97-103.
② 贺虎. 近代上海永安公司企业文化研究[D]. 福州:福建师范大学,2015.
③ 上海百货公司,上海社会科学院经济研究所,上海市工商行政管理局. 上海近代百货商业史[M]. 上海:上海社会科学院出版社,1988:35.
④ 上海百货公司,上海社会科学院经济研究所,上海市工商行政管理局. 上海近代百货商业史[M]. 上海:上海社会科学院出版社,1988:36.

总额约 2 000 万元。① 1937 年"八·一三"事变后,上海沦陷,法租界和公共租界因未被日军占领,成为特殊的"孤岛"。工业生产的停滞导致一部分原本用于生产的资金转向用于百货商业。这种状态促使租界区小百货零售业的活跃。据统计,此前集中在南京东路、广东路、金陵东路的小百货零售业在此时已经扩张到霞飞路、西藏路、静安寺路、同孚路一带,户数增加 1 倍。1941 年太平洋战争爆发,上海租界地区被日军占领,随即出现生产停顿、通货膨胀、物资短缺、物价飙升、投机猖獗等现象。上海充斥的游资转向易于投机和囤积居奇的百货业。因此,这时百货业商店户数扩充迅速。仅 1944 年到 1955 年的一年里,纳入同业公会会员的百货业商店(包括批发商和零售商)就增加了 548 户。② 工不如商、商不如囤、囤不如投机的情况逐渐加剧,商业经营越发趋向投机活动。

"委托公司"是随着囤货和投机的猖獗而产生的新的商业模式,即帮助客户销售其囤积的货物,这类委托公司属于百货商店业同业公会。因为只需要少额的开业资本,有一个固定的店面即可,因此,委托公司类型的小百货零售业一时间发展迅速。此外,代销货物存在另外一种更为简便的方式,即现有小百货零售商店同时代销客户囤积的货物。一般是销售出去才给客户结款,所以对于零售商店而言,代销货物是无本买卖,只不过需要腾出一些货架,摆放亟待销售出去的囤积货物罢了。

(三) 战后小百货零售业

随着抗日战争的胜利,囤积投机活动的热情回落,小百货零售业户数减少,小百货商业同业公会的在册会员有 902 户。其中多数从事投机活动。相比之下,大百货公司因销售的洋货备受关注,形成欣欣向荣的景象。国民政府滥发纸币,民族工业停滞,百货商业略有好转,不论批发还是零售,进货卖货都基本畅通并有一些利润,同时还可以利用期票获得币制贬值上的额外利润。③

与小百货商业形成鲜明对比的是美货市场繁荣。日本投降后,国民政府鼓励进口,以"剩余物资""外援""救济"等由头大量进口美货。这些美货具有强烈

---

① 朱国栋,王国章. 上海商业史[M]. 上海:上海财经大学出版社,1999:147.
② 上海百货公司,上海社会科学院经济研究所,上海市工商行政管理局. 上海近代百货商业史[M]. 上海:上海社会科学院出版社,1988:40-41.
③ 上海百货公司,上海社会科学院经济研究所,上海市工商行政管理局. 上海近代百货商业史[M]. 上海:上海社会科学院出版社,1988:40-45.

的吸引力,堪称物美价廉,一般比同类型国货的价格低30%,[①]对国货的销售形成了巨大的冲击。大、中、小型百货商店都积极营销美货。

1948年8月19日国民政府公布《财政经济紧急措施办法》,用金圆券以一比三百万的比率回收法币,严格限制物价,强制收购黄金、银圆、外币等。这项政策极大地损害了人民大众和民族工商业的利益,其中百货零售行业损失最大。当黄金、银圆、外币等以各种形式回收后,为了维持货币购买力,大量囤货成为最快捷的方式。百货业各店遭遇哄抢,销售额远大于进货额,库存不断缩减直至枯竭,甚至连柜台的样品也被一抢而空。在限价政策的指导下,各商店想尽办法隐藏货物或通过黑市囤积货物,此时的上海经济混乱至极,国民政府无奈取消限价,随之而来的是物价的急剧上涨,直至1949年初,小百货零售业的行情都始终没有恢复。

三、小百货零售业的特点

(一) 专业性和丰富度并存

行业分工引起商业经营的分工,随着商业的专业性经营,应运而生了一些具有专卖性质的商店。如布匹、棉花、粮食、木材等形成了专业行业,有自己的零售网点,已经不属于小百货零售业的经营范畴。小百货零售业经营的商品门类剔除了专业性较强的商品门类。就日用品而言,随着需求的多元化和生产技术的提高,日用品门类的内涵品种越发丰富。在专业性门店和门类品种丰富的共同作用下,上海小百货零售业呈现出五个特点:一是小百货零售商店经营商品的大门类基本相同;二是小百货零售商店的商品和顾客定位不同,如淮海路地段的商店主要经营高档化妆品、西服用品,老西门一带的商店主要经营各类中低档百货商品;三是商品品种的丰富度导致各个小百货零售商店经营门类虽然大致一样,但是各个门类内含商品的品牌、款式以及价格是有区别的,每家小百货零售商店经营的商品并非一模一样,反而各有特色和侧重;四是小百货零售商店会选择与区分主营和次营的商品门类与品种,突出自己的经营特色;五是随着商品的不断丰富,小百货零售商店经营的门类也不断丰富,如橡胶制品、搪瓷、热水瓶等。小百货零售商店的经营品种丰富,主要囊括以下各个门类和品种(见表3-1)。

---

① 彭泽益. 中国近代手工业史资料[M]. 北京:生活·读书·新知三联书店,1957:521.

表 3-1 小百货零售商店经营商品门类和品种

门 类	品 种
棉织类	毛巾、被单、浴衣、枕套、绒毯、台布、床上用品等
针织类	毛袜、线袜、舞袜、麻纱袜、冲毛袜、手帕等
内衣类	卫生衫裤、球衫裤、棉毛衫裤、羊毛衫裤、衬衣衬裤、内衣等
毛织类	各类羊毛绒线及其制成品等
丝织类	各种丝织用品、服饰等
服装类	青年装、夹克衫、香港衫、童装、大衣等
童鞋、童帽类	各式童鞋、童帽等
化妆日用品类	香皂、药皂、洗衣肥皂、香水、香粉、雪花膏、冷霜、胭脂、头油、指甲油、唇膏、眉笔、牙刷、牙膏、牙粉、痱子粉、鞋油等
杂货类	纽扣、雨伞、木梳、镜子、镜箱、衣刷、皂盒、保安刀架刀片、木纱团、拉链、牙签、口琴、玩具、扑克、公文夹、书包袋、旅行袋等
橡胶制品类	各种男女套鞋、力士鞋、球鞋、热水袋等
热水瓶、搪瓷、钢精、玻璃器皿类	各种规格、样式
皮件、西装用品类	皮裤类、女用皮包、皮手套、呢帽、背带、领带等

(二) 以"厂"为名凸显实力

1934 年上海百货商店加入同业公会的有 102 家,其中以"袜厂"命名的商店有 36 家。[①] 1943 年以"袜厂"命名的百货商店数量增加到 104 家。为获得上海市社会局的营业许可,这类以"袜厂"命名的百货商店被统一称为"袜厂百货商店"。所以,实际上,这些以"袜厂"命名的百货商店并不是袜子的生产厂家,也不是经营各式袜子的专门店或门市部,而是具有百货零售商店性质。之所以用"袜厂"命名,是为了体现其经营商品背后有工厂的支持,是实力大、质量好的体现。实际上,只有极少数的"袜厂"是有机器设备的厂房,能够自产自销和代加工。绝

---

① 杜恂诚. 1933 年上海城市阶层收入分配的一个估算[J]. 中国经济史研究,2005(1):116-122.

大部分的"袜厂"只是以"厂"为名,实为"百货商店",以销售国货为主。

(三) 进货方式和渠道多样

小百货零售业经营的商品门类繁多,品种多样,进货方式和渠道比较固定。传统的进货方式有三种,即从批发商进货、从工厂直接进货、从外埠合作单位进货。其中批发商按照批发商品种类的不同又有所区分,如批发国内厂商生产的产品、国外厂商生产的产品、某一类型商品或某个品牌商品等。随着购买国货热情的高涨,国货生产逐渐增多,生产国货厂家的销售意识也不断增强,出现了新的推销方式:如销售人员带着样品走街串巷的到访每家商店,店主可以现场试用商品、协商价格、进货数量、付款方式和时间等,在办理非常简便的进货手续、签订协议并缴纳一部分订金后,厂家就会在约定的时间把预定的商品悉数送到。如果遇到没有现货或者现货不足的情况,则会按照商店需要的产品数量进行生产,交货时按照约定的价格付款。在这种情况下,双方只需口头达成一致,不需要签订任何协议,商店也不需要支付订金,交易与否全凭个人信用。从外埠合作单位进货的方式多集中在具有地方特色的手工艺品和土特产,如苏杭的丝绸制品。1948年5月,为方便买卖,上海市社会局批准成立小百货市场,百货商品包括内衣、衬衫、袜子、被单、手帕、毛巾、热水瓶、搪瓷、钢精、化妆品、伞、橡胶制品等。小百货市场直接与各个工厂合作,经销各种产品。一般不用现金支付货款,而是采用期票和赊购的方式进货。一般而言,当新产品、个人手工制品或知名度较小的工厂生产的产品在投放到市场时,会采用通过百货商店"寄存销售"的方式,即待产品卖出后,再付厂家货款。

(四) 销售方式灵活和规范

小百货零售商店的销售主要是现金交易,但是为了让顾客产生黏性,允许存在一定量的赊欠,如平日里允许老客户、主要客户和亲朋好友赊欠,每年统一时间收账;对工厂职工的消费采用记账核销的方式,平日里先消费赊账,在领取工资后再还款核销。这种信用消费的方式普遍存在于以固定客户为主的郊区商店,而城区商店因顾客流动性较大,一般不采用这种方式。抗战全面爆发后,随着通货膨胀的不断加深,物价上涨飞快,赊账停止。

除了信用消费外,小百货零售商店还借鉴了大百货公司的一些营销方式。一是提供邮寄服务,满足外地顾客;提供上门送货服务,满足本地顾客。二是明码标价,为进一步和资本主义商业经营接轨,1920年以后小百货零售商店逐渐改变了讨价还价的这种低效率的销售方式,开始明码标价,结合抹零和赠品的方式给予消费者小幅优惠。三是销售不断精准化,具体表现在两个方面:一方面是区分日常用品和季节性、周期性商品,根据季节性或周期性商品需求量变化的特点,调剂库存,使其适应淡旺季销售;另一方面是量大从优,例如购买量大且以整装购买,如整打(12个装)、整箱、整桶等,则给予优惠。四是提高销售人员的业务能力和素质,例如严格规范接待礼仪、礼貌用语、纠纷处理方式等。小百货零售为提高员工积极性,将销售量与员工收入挂钩。

第二节　现代百货零售业的起源

起源于西方资本主义国家的大型百货公司,是近代资本主义商品市场发达的产物,它通过新型的公司组织,以其宏大的规模、雄厚的资金以及宽广的经营范围著称,表现出一般小型商业企业所不具备的优势。[①] 开埠以后外商曾在上海先后开设过福利、泰兴、汇司、惠罗等经营百货的公司。虽然初创资本尚小,但是这些公司给上海带来了"百货公司"这种新的商业模式。百货公司因其独具特色的营销方式和经营理念,如采用薄利多销的经营法则、销售产品多样化、地标性的建筑外观以及不满意可退货、自由选购商品等,被学界视为"零售革命"的代表,足见百货公司在零售史中的地位。

一、百货公司的产生条件

大型百货公司创始于西方资本主义国家,是近代资本主义商品市场发展的产物,[②]一般属于股份有限公司,具有规模大、投资大、经营范围广的特点,[③]是大型综合零售业商店。[④] 雄厚的资本使大百货公司的商场均为高楼大厦,与低矮的小杂货铺形成鲜明的对比。大百货公司宏伟的外观、精美的装潢本身就是一种能够吸引顾客的宣传方式。在经售商品种类上,小杂货铺品种单一,款式有限。大百货公司则不同,经营全球百货,在全球范围内搜集商品售卖。1914年

[①] 汪寿松. 近代天津新型的商业文化[J]. 商场现代化,2007(22):92-93.
[②] 常国良. 近代上海商业教育研究(1843—1949)[D]. 上海:华东师范大学,2006:4.
[③] 上海百货公司,上海社会科学院经济研究所,上海市工商行政管理局. 上海近代百货商业史[M]. 上海:上海社会科学院出版社,1988:99.
[④] 菊池敏夫. 战时上海的百货公司与商业文化[J]. 陈祖恩,译. 史林,2006(2):93-103,127.

《中华实业界》发表文章,将百货商店的特征描述为:"其店内百货无所不包备,集货极多,以供一地方之零买。"[①]

百货公司之所以发端在英国有着历史的必然性。19世纪中期英国已经通过工业革命完成了工业化,依靠先进的生产技术,通过进口生产、生活原料,输出工业品的方式,逐渐发展为世界工厂,并具有较高的国际贸易水平。为了维持其世界工厂的地位,英国奉行自由贸易政策。这些都为百货公司的产生提供了温床,即其拥有规模庞大的消费群体,并具备较强的社会消费能力;具有先进的生产力和较高的国际贸易水平,能够满足百货公司对商品品种和规模要求的能力;良好的商业基础和市场环境。

1843年上海的开埠拉开了上海现代化发展的序幕。在租界设立后不久,依靠西洋资本创立的杂货商店便开始出现。到了19世纪末,上海出现了最早的百货公司,即福利、泰兴、汇司、惠罗。它们都是由洋商开设的。这四家早期的百货公司主要是销售从世界各地进口的品牌商品,最初的模式类似于杂货商。其共同点在于为生活在租界的外国人服务,却忽略了正在急速扩张的中国资本家阶级和中产阶级快速增长的消费能力和浓郁的消费心理。20世纪初,华商百货公司逐渐从广州发展到上海,华侨资本投资的百货公司集中在公共租界的主要交通干道南京路上。百货公司的出现,也使得洋广杂货铺的营业受到影响,尤其是南京路一带的小百货零售业。有的杂货铺退出上海寻求在其他地区的发展,如广升祥京广杂货店利用余资转向南洋,有的聚焦在某一专业领域,如大东主营袜、衫。随着大公司的出现和发展,零售业呈现大公司兴盛,大型商店萎靡,中小型商店增多的特点。在租界的管理下,"上海的商业化、工业化、现代化的水平都已经达到了它的鼎盛时期,由此也推动着上海现代意义上的城市化浪潮达到其历史的顶峰"。正是在这样一个特殊的环境里,西方的文化、价值观念、生活方式、消费观念、商业模式等为商业百货公司的发展创造了良好的城市氛围。而四大百货公司也以此为契机快速发展,并带动着城市整体商业水平和商业文化的提高与发展。

(一) 消费水平的提高

百货商业是城市商品经济发展更高级的产物,也是社会进步的产物。具有一定规模的零售业出现在城市形成以后,城市汇集了众多消费者,再加上交通的便利

[①] 欧化. 欧洲百货商店之组织状况[J]. 中华实业界,1914(2):23-27.

和各地商品往来的频繁,为零售业提供了生存和发展壮大的可能。百货公司的出现与人口的增加,特别是具有一定消费能力的都市人群的大幅增长密不可分。开埠之初,1852 年,上海人口约有 54 万人;开埠后,上海的华人数量激增,从 19 世纪末期的 60 多万人,增长到 20 世纪 20 年代的 110 多万人,再到 20 世纪 30 年代的 300 多万人。外侨人口也增长迅速,从最初的 26 人,到 1910 年的 15 012 人,外国移民人数也增加了 500 多倍。① 随着人口的迅速膨胀,城市的消费规模和消费水平也不断增长和提高。增长的人口中,包括了为数众多的中产阶级和富裕阶层,他们的高消费能力、多样的消费习惯也直接刺激了华商百货公司的创立和发展(表 3-2)。

表 3-2 上海公共租界人口统计　　　　　　　　　　　单位:人

年 份	外侨人数	华人人数	总 计
1870	1 666	75 047	76 713
1876	1 673	95 662	97 335
1880	2 197	107 812	110 009
1885	3 673	125 665	129 338
1890	3 821	168 129	171 950
1895	4 684	240 995	245 679
1900	6 774	345 276	352 050
1905	11 497	452 716	464 213
1910	13 536	488 005	501 541
1915	18 519	620 401	638 920
1920	23 307	759 839	783 146
1925	29 947	810 279	840 226
1930	36 471	971 397	1 007 868

注:外侨人数包括公共租界内和工部局管辖界外马路区域外侨人口。
数据来源:《费唐法官上海公共租界情形报告书》。转引自马学强的《上海城市之心:南京东路街区百年变迁》,上海社会科学院出版社 2018 年出版,第 39 页。

① 马学强.上海城市之心:南京东路街区百年变迁[M].上海:上海社会科学院出版社,2018:89.

随着上海人口的增加和都市的建设与发展,官僚、政治家、地主、买办等传统的富裕阶层,以及新生的资本家阶级、都市中产阶级社会阶层等对商品和文化、娱乐的需求日益扩大,而百货公司的出现,恰恰满足了这样的需求。

(二) 商品贸易的密集

上海开埠以前,就因其重要的地理位置成为南北货物贸易往来的集散中心。开埠后,商业活动更是密集,"上海商务日繁,金融流通之需要日增,于是钱庄业务逐渐开展,并设于南北两市者亦愈众。北市以丝茶交易为主,南市以花米交易为主,故当时银拆南北市各开"。[①] 19 世纪后半期,上海已经取代广州成为中国最大的进出口商埠。

(三) 商业环境的完善

1854 年上海公共租界工部局的成立,使城市建设与管理得到进一步的完善,促进了贸易的持续发展,上海地区经营洋货的商店不断增加,逐渐发展出很多京广杂货店和洋广杂货店。随着洋广杂货铺批发和零售的进一步分化,专门从事零售业务的近代上海百货业崭露头角,零售业逐渐在商业中占有一席之地。[②] 20 世纪初,环球百货迎来重大发展机遇,澳洲的香山华侨抓住机遇,"转身向内,大举发展"[③],先后创办了先施百货公司、永安百货公司、新新百货公司和大新百货公司,开辟了上海百货业的新天地,是上海成为近代中国商业重镇的重要标志(图 3-2)。

二、百货公司的发展沿革

(一) 从洋商百货公司开始

鸦片战争后,上海逐渐取代广州成为中国进出口贸易的主要港口,也是国内物资转运的枢纽。从 1890 年到 1911 年,进口日用品种类翻了一倍,从 100 余种增长到 200 余种。这些进口日用品主要通过洋人经营的洋商百货公司销售,以定居在中国的洋人为主要客户。

1847 年,英国人在南京路、四川路交叉点的西北角开设商店,经营西洋食

---

① 汪中. 上海金融中心之钱庄(二续)[J]. 钱业月报,1934(3):56-63.
② 许爱莲. 从《申报》广告看近代上海商业的繁荣与发展[J]. 历史教学问题,2000(4):38-41.
③ 熊月之. 上海香山人与香山文化[J]. 社会科学,2006(9):146-155.

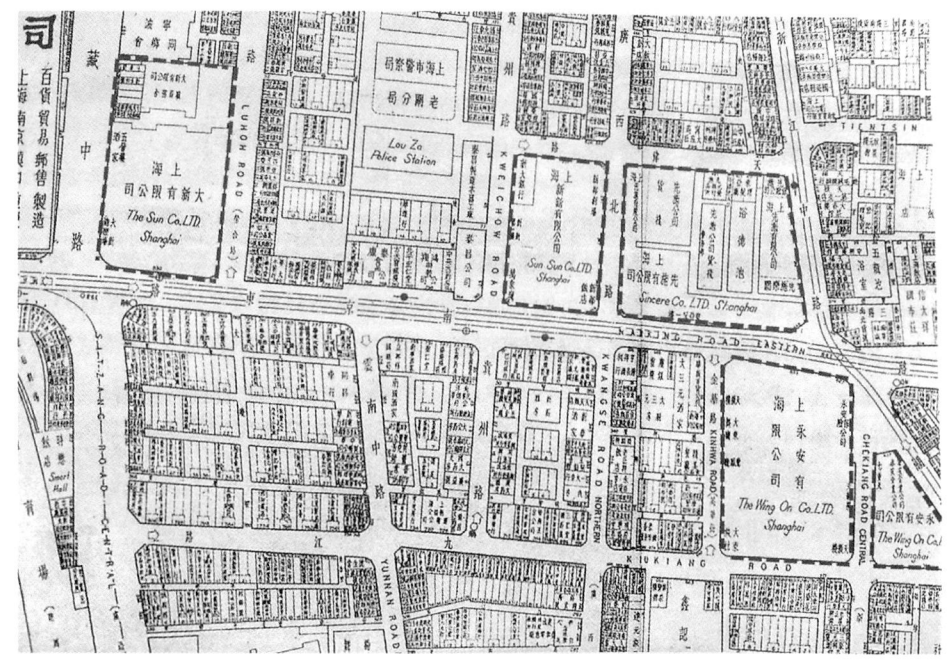

图 3-2　1947 年四大公司布局图

注：1947 年《上海市行号路图录》中南京东路上的四大公司。

资料来源：转引自马学强的《上海城市之心：南京东路街区百年变迁》，上海社会科学院出版社 2018 年出版。

品，加工服装、家具等，同时也为西洋人居留民进口各种商品。[①]　在此基础上，于 1858 年成立上海最早的百货公司——福利公司；1892 年，又将之改组为有限公司，销售世界各地的品牌商品，成为环球百货公司。汇司百货公司同样是英国人创办的，于 1875 年在宁波路、浙江路口开业，主营绢丝、服饰。1895 年转让后，店铺也搬迁到南京路、江西路口，经营范围逐渐扩大到家具、日用杂货等。1895 年，泰兴百货公司在香港注册成立，在南京路外滩经营进口商品，包括呢绒绸布、服饰、食品杂货、酒、家具等。惠罗百货公司是于 1882 年在印度创立的百货公司，在全球开设分店。上海惠罗百货公司于 1907 年在南京路、四川路交叉路口东北角开业，经营全球商品，在西洋四大百货公司中的业绩排名第一。[②]　这些洋商百货公司主要是面向在上海居住的外国人，而非中国人。即使在 20 世纪初，

[①] 菊池敏夫.战时上海的百货公司与商业文化[J].陈祖恩,译.史林,2006(2)：93-103,127.

[②] 薛理勇.旧上海租界史话[M].上海：上海社会科学院出版社,2002：222.

中国人的消费能力提高、消费观念转变后,由于洋商百货公司没能有效地关注这部分人的消费需求,直接导致随后出现的华商四大百货公司顺理成章地取代了西洋百货公司(图3-3)。

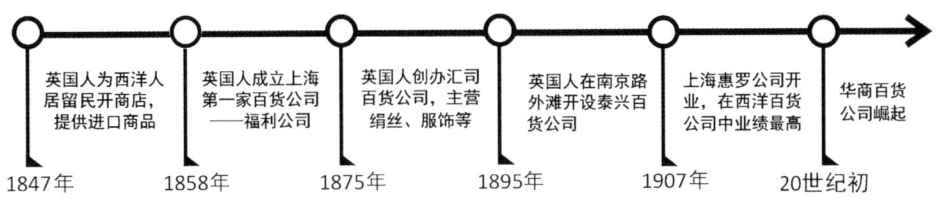

图3-3 上海洋商百货公司的建立史

(二) 华商百货公司的崛起

20世纪初,上海的商业,特别是在华侨资本的注入和推动下,发生了引人注目的新变化。① 大型华商百货商场的创立,无论是在规模还是在经营管理上都将上海的商业推进到了一个新的阶段。

华商百货公司的出现使消费和生产之间形成了新的互动关系,极大地促进了商品生产,也推进了生活方式的快速嬗变,在上海市整个经济活动中扮演了不可或缺的角色。华商百货公司打破了街区的局限,布局在都市的最核心区,将顾客定位为整个都市各个角落的人群,甚至是来自其他城市的消费者,而非限定为外国人或是居住在附近的居民,顾客的广泛性使大百货公司所售出的新款服饰、皮包、化妆品、鞋帽等生活用品,在更大的范围迅速传播,创造出新的时尚,反过来促进商品的更新和生产。

一般而言,百货公司由股份制公司的形式构成,它们采用现代企业经营和管理方式,运用会计等企业管理手段,具有规模大、资金雄厚的优势,经营商品种类丰富,以日用生活品为主,为顾客提供优良的服务和便利的消费体验。除了销售各种商品外,百货公司还提供各类服务,如旅馆、游乐场等,是现代商业综合体的雏形。可以说,百货公司是为应对大生产时代的来临,为大销售、大消费而设立的在同一个商业设施中配置多门类销售部门的商业设施。② 以华商四大百货公司为代表的上海百货公司是为大销售创立的一种新的商业空间和商业设施,对于大消费

---

① 张仲礼. 略论近代上海经济中心地位的形成[J]. 上海社会科学院学术季刊,1993(3):33-42.
② 菊池敏夫. 近代上海的百货公司与都市文化[M]. 陈祖恩,译. 上海:上海人民出版社,2012:3.

时代的历史意义是巨大的。与外国人开办的百货公司不同,华人建立的上海百货公司是以新兴的资本家阶级和中产阶级的不断成熟为基础和前提的。

从满足顾客已知需求的纯商业设施,到兼顾为顾客企划并提供新需求的场所,百货公司是在历经了这样一个转型的时代或发展阶段后诞生的。[①] 对于官僚、买办、地主等传统的富裕阶层和新兴资本家阶级、中产阶级来说,百货公司的广告宣传、促销减价、明码标价、开具发票、质量保证、退换货物、优质服务等,更是一种摩登的生活方式。如果没有亟待满足的新需要,并将这些需求的满足作为商品进行销售,大型零售百货公司的经营是无法取得成功的。换言之,只有当百货公司提供的商品和服务被消费者接受并消费后,百货公司的企划和营销策略才能真正取得成功。

1937年全面抗战开始后直至1941年12月太平洋战争爆发,被称为上海的"孤岛时期"。这一时期苏州河以南的公共租界和法租界被日军包围,形成"孤岛"。"孤岛"外受战火的洗礼,"孤岛"内的商业却得到了畸形的发展。受抗日战争的影响,尤其是日军进军闸北,轰炸市区和南京路,导致南京路上部分的百货公司建筑遭受部分损毁,如先施大楼和永安大楼损失高达76万元,并直接影响了百货公司的正常营业,营业额减少了一半。随着难民、资金向租界的不断涌入,恰使包括南京路在内的租界得到了"繁荣"发展,给"孤岛"里的工业生产和商品经济发展提供了喘息和发展的契机。南京路各大百货公司延长了营业时间,营业额和利润随之大幅增加。"孤岛"时期经济的畸形发展却成为百货公司发展的窗口期,由恢复转向"繁荣"。

太平洋战争时期,日本进军公共租界和法租界,"孤岛"时期的便利和繁荣消失,正常营业和安全都得不到保障。百货公司被迫接受来自日本的强制性严格检查和资金管制,损失巨大,但是仍然在这种恶劣的环境下坚强地维持生存。

抗日战争胜利后,随着《中美友好通商航海条约》等许多条约的签订,美国以极低的税率向中国输入商品,致使美国商品的销售价格明显具有优势。这一时期,各大百货公司销售的商品有80%以上是美国商品。[②] 而以销售国货为主营业务的百货公司,如中国国货公司、丽安公司以及永安百货公司的国货商场在这一时期均陷入困境。

---

① 菊池敏夫. 近代上海的百货公司与都市文化[M]. 陈祖寿,译. 上海:上海人民出版社,2012:11.
② 朱国栋,王国章. 上海商业史[M]. 上海:上海财经大学出版社,1999:196.

内战期间,上海的通货膨胀进一步加剧,这使得百货公司的经营受阻。即便百货公司采取"买3万送1万"的促销手段,也无法改变"有货卖不出"的局面。直到1948年国民政府公布《财政经济紧急处分令》《金圆券发行办法》等,以8月19日的物价为标准锁定了所有物价,实行"限价政策",致使市民陷入狂热的抢购风潮,百货公司和其他类型店铺内的商品均被洗劫一空,百货公司和其他商店以最快的速度(一般是当天)把所有销售收入用来购买黄金、外汇或者货物。

(三) 国货联营公司的涌现

关于抵制洋货,孙中山的分析是理性的:"洋布便宜过土布,无论国民怎么样提倡爱国,也不能永远不穿洋布穿土布。如果一定要国民永久不穿洋布来穿土布,那便是和个人的经济原则相反,那便是行不通。"[①]幸运的是,和孙中山持一样观点的还有一部分民族企业家和知识分子。[②]"不振工艺,不精制造,而倡用土货以示抵制,此无价值之言也",[③]所以必须从"暂时抵制"到"自兴制造",发展民族工业。[④]

1904年美国虐待华工事件引发抵制美货运动,要求"求办货者不办美国人之货,用物者不用美国人之物"。辛亥革命推翻了封建帝制,民族资产阶级大受鼓舞,先后分别针对1909年安奉铁路改筑、1915年日本逼迫袁世凯签订"二十一条"、1919年五四运动、1925年日本出兵山东、1931年"九·一八"事变,掀起5次"抵制日货,提倡国货"运动。日本对华贸易额在每次国货运动时便会呈现明显的下降趋势(图3-4)。几次国货运动过后,不论是洋商百货公司还是华商百货公司都不同程度地增加了国货销售的比例,但是仍然以经营洋货为主。

1919年五四运动后,一方面,普通民众基于爱国热情、民族精神做出抵制日货的消费选择;另一方面,有组织有规模的抵制日货运动也不断涌现。如1915年日本逼迫袁世凯签订"二十一条"后,上海、广东等十多个省份的商会反对、抵制日货运动在全国各地爆发。1931年"七七"事变后政府也积极参与到抵制日货的运动中。

---

① 杨奎松."问道于器"——辛亥以来国人着装"西化"的成因与经过[J]. 近代史研究,2020(5):25-45,160.
② 沈祖炜. 从"商战"到企业竞争[J]. 世纪,2011(1):81-89.
③ 潘君祥. 辛亥革命与上海国货运动[J]. 历史研究,1992(1):169-180.
④ 沈祖炜. 从抵货运动到国货运动[J]. 世纪,2017(6):123-136.

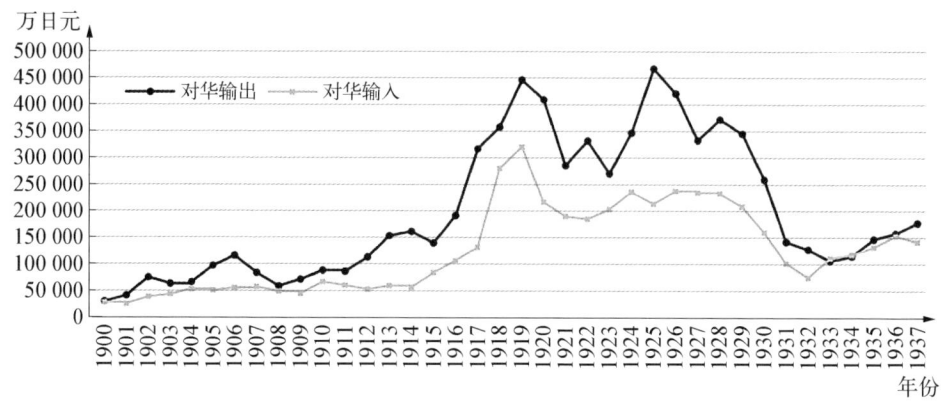

图 3-4 1900—1936 年日本对华贸易

数据来源：大藏省的《大日本外国贸易年表（下篇）》，日本大藏省印书局 1925 年出版。

实业救国的思想也随着抵制洋货、提倡国货的运动而兴起。抵制洋货，发展实业，不仅是民族工商业者的口号，同时成为各阶层人民的共同要求，促进了民族资本主义和国货零售业的发展。1923 年，国货维持会在小世界开设国货公司；1926 年，国货维持会建成蓬莱国货市场，成为宣传和售卖国货品牌的基地。1928 年，国民政府在上海煤屑路（今国货路）举办全国性的国货展览会，展出各地纱布、绸缎、日用品、土特产品、工艺品等。1931 年"九·一八"事变后，上海民族工业资本家为了开辟市场，与洋货抗衡，于 1932 年 3 月开始举行每周一次的"星五聚餐会"，8 月成立"中华国货产销协会"，中国银行总经理张公权出任理事长。产销协会以"利国货之制造与推销为宗旨"，致力于在"联合生产、运销以及金融各方面，通力合作""指导完成全国国货推销网，举办国货展览会、国货介绍所"。[1] 随后，在国货产销协会的指导下，九厂[2]联合租用南京路直隶路口（今福建中路）店铺开办国货联合商场，于 1932 年 9 月 1 日开展为期 18 天的联合销售。销售结束后，国货联合商场由九厂扩大到三十厂，他们共同筹款，于 1933 年 2 月开办上海中国国货股份有限公司（简称"国货公司"），创始资本为 10 万元，职工 120 人。方液仙任董事长兼经理，李康年为副经理。商场设有绸缎、布匹、呢绒、棉织、内衣、针织、化妆品、鞋帽、文具、五金、瓷器、钢精、搪瓷、电器用品

---

[1] 中国国货联营公司十周年纪念册，1947 年。
[2] 九厂包括中国化学工业社、美亚织绸厂、五和织造厂、中华珐琅厂、华生电器厂、胜德织造厂、一心牙刷厂、章华毛织厂、华福帽厂。

等40个柜台。① 正式开业后,国货公司宣扬"中国人应用中国货",在国货运动的支持下,其经营情况良好,于1933年、1935年和1936年开办3家分店,又在1937至1941年间完成了9次增资。国货公司实际上是由各民族资本工厂直接投资,并在国货公司里设立自己的销售柜台进行联合销售的门市部。

随着上海国货公司的成功运营,国货产销协会开始在全国各地积极筹建国货公司。为保证筹建工作的顺利进行,1934年1月国货联合办事处成立,并具体负责筹建的相关事项。截至1935年底,先后筹建了11个国货公司,包括镇江中国国货公司、徐州中国国货公司、济南中国国货公司、温州中国国货公司、郑州中国国货公司、福州中国国货公司、西安中国国货公司、昆明中国国货公司、重庆中国国货公司、广州中国国货公司、长沙中国国货公司。②

1937年5月国货联合办事处改组为中国国货联合营业公司(简称"国货联营公司"),资本额为200万元,官股1/3,各个国货工厂认购2/3。③ 实业部部长吴达铨为董事长,宋子良任董事,蔡声白任总经理。国货联营公司成立后继续完成原国货联合办事处的遗留工作,即筹建南京中国国货公司、汉口中国国货公司、成都中国国货公司、贵阳中国国货公司、桂林中国国货公司、青岛中国国货公司、广州湾(今湛江市)中国国货公司以及香港中国国货公司、新加坡中国国货公司、仰光中国国货公司。④ 公司资本的1/3至1/2来自国货联营公司,其余部分为当地筹集。公司规定各地国货联营公司董事长必须由当地中国银行行长兼任。官僚资本在国货联营公司资本中的份额不断增加,并通过注资,改组了原国货联合办事处在各地建立的中国国货公司,实现了官僚资本对全国各地的国货公司的实际控制。直到1941年官股全部撤出,由中国银行、交通银行、新华银行取代。

中国国货公司和中国国货联营公司对国货销售、振兴实业具有积极的作用,两公司的共性包括:一是产销协作,由多家工厂共同出资组建大型公司,销售自己生产的各种国货产品;二是引入金融机构参与投资,如中国交通、新华等银行提供贷款或直接投资;三是建立全国范围的国货推销网。但是就公司性质而言,两者又有所不同。中国国货联营公司在战时还承担了大后方物资的调配和供应,采办大宗日用品,具有批发商的性质,起到了调剂各地国货商品的作用。

---

① 陈春舫. 推销国货旗手方液仙[J]. 上海商业,2003(10):64-65.
② 樊卫国. 孙中山与民国时期国货运动[J]. 近代中国,2003(6):63-96.
③ 乐承耀. 宁波帮与抗日战争[J]. 中共宁波市委党校学报,2015(5):10-18.
④ 乐承耀. 抗日战争中的宁波商人[J]. 中共宁波市委党校学报,2005(4):24-28.

1937年11月它负责贸易调整委员会国货运销管理处的实际工作,1939年经济部设立日用品平价购销处,由中国国货联营公司设立日用品批发所,在上海采办大宗国货日用品运往重庆,作为全国国货商品流通的渠道,直至1940年止。而各地中国国货联营公司是多厂联合销售的门市部。

三、华商百货公司

近代上海商业的独特性体现为,其发展伴随着西方的殖民侵略。近代上海商业发展的半殖民地性质在零售商业表现为,外国商品占上海百货行业经销商品的70%左右,占四大公司经营商品的80%以上。西方资本主义商业文明在近代上海集中体现为两点:一是由中外银行和钱庄组成的中国金融体系的中枢;二是以先施(1917年)、永安(1918年)、新新(1926年)、大新(1936年)四大民族资本的大型百货公司为标志确立了上海作为中国商业的中心。

四大百货公司是20世纪30年代老上海的名牌,也是近代零售业的标杆,标志着上海商业的进一步近代化。[1] 它们创造了大消费时代,引领了上海的都市文化和娱乐。百货公司是大生产时代的大型零售业与大都市大众消费的密切结合。它们不仅是消费的场所,同时充分发挥了娱乐、生活、文化等功能,成为一个购物、休闲、娱乐、文化的综合体,实现了一体化经营。

上海四大百货公司的发展稳中有进,它们有着共同的特点。一是资本主要来自华侨投资。二是四大百货公司在开办时都借鉴和学习了在海外以及广东开办企业和百货公司的经验。三是创始者和主要股东大多是广东中山县(现中山市)同乡。四是四家百货公司的创办方式和经营方式类似。四大公司皆以"经营环球百货"为招牌,有基本相同的进货渠道、商场布局、商品陈列、销售方式,以及包括游乐场、餐厅、酒店等的配套设施,也面临基本相同的问题,即厂商建筑的巨大投资导致经营性现金流短缺。五是采用现代化的经营管理方式,依靠细致入微的服务、严格的企业内控、[2]先进的营销理念和敢于竞争的市场意识,促进了综合性零售业的发展,也使自己长期保持着在零售业的重量级地位。

(一)先施公司

先施公司,最初在香港的店名取自1852年在巴黎开业的世界首家百货公

---

[1] 张仲礼. 近代上海城市研究(1840—1949年)[M]. 上海:上海文艺出版社,2008:114-115.
[2] 李娜. 四大公司与上海商业文化研究[D]. 上海:东华大学,2012:1.

司——"玻马舍"公司的经营信条"Sincere",原意是"诚实可靠",既有西欧之时尚,又符合中国"诚实可靠,童叟无欺"的经商铁律。马应彪又对"先施"的渊源更进一步阐述,来源于《中庸》的"先施以诚"。

最早在上海开设大型百货公司的中国商人是广东侨商马应彪。早年,马应彪在澳洲经商,1900年在香港开设先施百货公司。1911年又在广州开设先施公司。随后他两次派人赴上海考察,决定租地建造上海先施公司。这一时期正值中国民族资本主义工商企业初次崭露头角,受华侨投资兴办实业风气的影响,上海先施公司的招股工作非常顺利,认股者积极踊跃。尤其是众多久居国外的华侨,有强烈的回国意愿和投资渴望。上海先施公司在客观条件的驱使下,一再增加招股,最终将资本额确定为200万港元,华侨投资90%以上。先施公司于1917年正式开业,是上海第一家依托民族资本开办的大型百货公司。一楼铺面专销日用百货;二楼专销绸布、服装;三楼出售珠宝首饰、钟表珍玩;四楼销售家具、地毯、皮箱等大件家用电器;[①]五楼是办公场所;屋顶平台上建有"先施乐园"游乐场,同时还经营旅馆、酒楼等附属事业。公司拥有10多个商品部,每一个部门相当于一家大型专业商店,全公司经营的商品达1万多种,售货员300余人。

马应彪开设先施百货,将近代百货公司的营销模式从西方国家引入中国,先施公司将西方的商业理念、管理制度与中国传统文化、商业习惯进行结合,开创了中国零售商业的新局面,被称为"中国百货业之父"。先施公司最初在香港和广东两地开设,经营顺利,名声大噪。随着华人工商业的急速发展和消费生活质量的提升,新阶层登上舞台,以马应彪为代表的粤商敏锐地捕捉到中国社会的变化,如清末以来,"富绅巨商,达官贵人,多来海上作寓公,日中器用起居饮食,多所需要,一掷千金,横不吝啬"[②]的社会消费现状,再如华人社会中产阶层数量不断增长。公司董事会认为上海是全国的商业中心,远东的交通枢纽、亚洲的一大商埠,为创办事业的理想之地,[③]决定在上海设立以中国消费者为主要对象的环球百货公司。其创始人马应彪就曾说过:"唯有上海的地点适中和汇集着国内和国际的富商、外国外交官和中国官绅,能够给予先施迅速发展和获利的机会。"[④]因此,1914年,其开始筹办上海先施公司。上海的商业开始向南京路西端

---

① 张仲礼,潘君祥.论上海经济近代化的轨迹和发展内因[J].中国经济史研究,1992(3):24-31.
② 孟磊.马应彪与先施公司的基督化问题研究[D].福州:福建师范大学,2014.
③ 邓怡康.上海先施公司创建人黄焕南[J].科技智囊,1997(9):52-54.
④ 郭晔旻.沪上起南风:近代上海的广东商人[J].同舟共进,2018(7):66-70.

（浙江路、西藏路）一带扩展，先施百货便选址在南京路浙江路口西北角。建筑用地 700 公亩（7 万平方米），建筑面积 3 万平方米，商场面积 1 万平方米，经营商品 1 万余种，售货员 300 余人。① 1917 年 10 月 20 日，公司正式开张。先施公司除购物场所外，同时包含先施乐园、东亚旅馆、先施浴池、先施理发厅等专业设施和公司文化。

先施公司以标新立异的方式出现在南京路上，给传统的零售业经营者很大的冲击。其经营秘诀是"选择适合在中国的中西人士所需之商品，以最廉之价格出售"。其经营方式区别于传统的鞋帽店、绸布店等专门商店，展现出大型综合零售业的商业特征，是我国当时一流的环球百货商场。先施百货公司凭借其全新的经营方法，发展成为南京路商业改革的先驱。具体表现在以下四个方面。

一是"不二价"。"不二价"即不论何人购货，都明码实价、不减不折，是近代西方零售商业的一种标志性的销售方式。"不二价"的本质就是商业诚信，而诚信是近代西方社会及商业的理念中最基本、最重要的表现方式。明码标价，"不二价"的销售方法，是对"讨价还价"传统销售习惯的颠覆。低效率、重情意的"讨价还价"销售习惯与传统社会的零售商业相适应，即规模相当有限、店铺规模小、商品种类少、顾客人数不多、购买能力不高，但这种销售方法并不适应追求高效的近代商业。尽管"不二价"在刚提出的一段时间内并不被大众接受，但是随着明码实价、童叟无欺理念的推广，"不二价"逐渐被消费者接受和喜欢。"不二价"增强了顾客对商家的信任，是对传统的专业商店所奉行的"良贾深藏若虚"的中国传统商业习惯的否定，促进了不设虚价的实价销售方法，消除顾客与店员之间讨价还价的旧传统。先施百货同时采取很多优惠措施，如折扣、促销、赠品等。

二是首次提出"统办环球货"的销售主张。打破传统零售的专门性，多方搜求五洋杂货招揽生意，追求品种齐全，品质优良，既有进口的高级品牌商品，也有物美价廉的进口商品和国产商品，保持着高级感的同时，也为民众提供物美价廉的商品，是大型综合零售商场。开放公平地展示商品，为社会各层顾客提供自由选购的空间和机会，改变以往按照顾客社会层次、贫富贵贱的情况挑选销售的商品。为平衡洋货和国货之间的竞争关系，开业时通过在报纸上刊登"先施上海有

---

① 上海百货公司，上海社会科学院经济研究所，上海市工商行政管理局. 上海近代百货商业史[M]. 上海：上海社会科学院出版社，1988：103.

限公司征求国货广告"的形式充分表达了对优质精良的国货的渴望。同时又说明"上海为我国文明发达之区,为环球著名商埠",经销环球百货是先施公司的经营宗旨,故以进口商品居多。

三是重品质。建筑先施公司大楼就奉行"不计工本,精益求精",非常注重店铺的外观和内部的装饰。楼顶修建屋顶花园,格调高雅。内部铺设供暖系统。同时还建造有东亚旅馆。旅馆内部设备齐全讲究,电梯、电话、暖气、风扇一应俱全,中西餐厅、理发师、阅览室、酒吧应有尽有,客房装修精致,西式家具、冷热水、冲水马桶配套完善。店铺还提供马车、汽车等交通工具。[①]

四是创新内部机制和经营管理体制。首先是提供发票。先施公司是第一家向消费者主动提供收据、发票的公司。不论货物数额的大小,先施公司都会给消费者提供发票,消费者也可以凭借发票享受无理由退换货服务。这种不满意便退款的服务提高了消费者的信赖度。其次是注重服务。培训销售店员,要求店员做到"招待顾客,彬彬有礼,买卖货品,应对机灵,陈列井井有条,收支丝毫无误"。[②] 招聘女店员,为中国女性进入职场开创先河。规定了严格的营业时间,周一至周六9点到21点,周日12点至21点,除夕夜则延长至0点。再次是关注货源。创新采用自控货源的方式,公司在闸北会馆路设有铁工、木工、油漆、皮革四个制造厂,[③]生产各种熟铁铜锡器具以及家具、鞋靴、皮箱等产品,专供商场销售。[④] 1923年将1917年成立的先施工厂扩建,建设新厂,主要生产家具、玩具、铁箱、简单机械等。这一举措在民族主义运动高涨、"国货运动"盛行时期具有重要的政治意义,即在洋货滞销的情况下,销售自己生产的国货,以此证明自己爱国。

(二) 永安公司

在四大百货公司中,雄居首位的是由澳大利亚华侨兄弟郭乐、郭泉创办的永安公司,初期资本200万港元。店址选在先施公司的对面,足见其一开始就具有强烈的商业竞争意识。永安公司在经营环球百货方面是最名副其实的,它以经销高档舶来品、迎合中外上层社会的消费需求为追求,同时在英、美各设一处办

[①] 上海市档案馆,中山市社科联. 近代中国百货业先驱——上海四大公司档案汇编[M]. 上海:上海书店出版社,2010:17.
[②] 上海市档案馆,中山市社科联. 近代中国百货业先驱——上海四大公司档案汇编[M]. 上海:上海书店出版社,2010:4.
[③] 桢淳. 华侨在中国最早创办的百货公司[J]. 侨园,1997(6):40-43.
[④] 上海百货公司,上海社会科学院经济研究所,上海市工商行政管理局. 上海近代百货商业史[M]. 上海:上海社会科学院出版社,1988:103.

事处,同名牌厂商建立良好的购销关系,从而以最快的速度、最低的价格将商品运进上海,使市民能够在第一时间买到国外最新商品。"永安购物"一度成为上海滩有品位、有影响的代名词,追求时尚、追求前卫的潮流人士纷纷前往购物,以求显示自己的档次。其中高档商品占80%以上,早期国货占比很少,主要集中于土特产和手工艺品。20世纪30年代后,国货工业品销售的比重才有所增加,并逐渐超过了洋货。

永安公司的得名,沿自永安创始人郭氏兄弟在澳洲经营的"永安公司果栏",乃"永保安宁"之意。1907年,永安公司凭借地利的优势,在香港开设了永安环球百货公司,盈利后,决定在上海开设姐妹公司。永安公司与先施公司几乎同时起步,同样考虑到"上海为全国四大商埠之一,位居全国的中心点,而且常常掌握金融的枢纽,无论中国的或外国的商人,都集中于该处"。① 永安公司决定积极开拓和占领上海市场,选定在南京路的南侧经营,与北侧的先施公司隔街相望,建筑用地570亩(约38万平方米),建筑面积3.1万平方米。② 1918年上海永安公司正式对外营业,资本额为250万元,采用和先施公司一样的方法公开招股,吸收了大量华侨资本,招股工作顺利。郭氏家族(郭乐兄弟子侄)共投资14.5万元,占全部股本的5.6%,香港永安公司投资50万元,占比20%,华侨投资164.31万元,占比65.7%,其他非华侨投资21.64万元,占比8.7%(图3-5)。③ 永安公司以其更新式的店面布置,所售商品质量好、品种多、服务周到等竞争手段去争取顾客。为扩大公司在上海的影响力,永安公司在开业之前大造声势,连续14天在《申报》上刊登大幅"开业预告",从公司环境、设备、规模、商品、花色等各个方面进行详细介绍。开业前两天,散发大批请帖,并筹备盛宴,邀请上海各界文人名媛、朝野官绅莅临参观。④

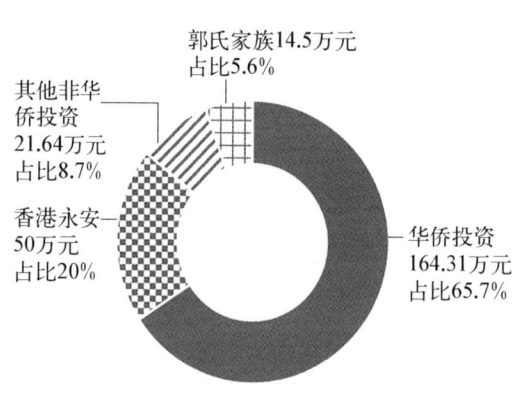

图3-5 1918年上海永安公司招股比重

---

① 郭官昌. 上海永安公司之起源及营业现状[J]. 新商业周刊,1935(2).
② 菊池敏夫. 近代上海的百货公司与都市文化[M]. 陈祖恩,译. 上海:上海人民出版社,2012:86.
③ 陈春舫. 从洋广杂货到环球百货[J]. 上海商业,2006(3):54-55.
④ 上海百货公司,上海社会科学院经济研究所,上海市工商行政管理局. 上海近代百货商业史[M]. 上海:上海社会科学院出版社,1988:105.

永安公司"以统办环球货品为鹄的,凡日用之所需,生活之所赖,靡不尽力搜罗"为营业方针。兼顾洋货国货,"经营环球百货,推销中华土产",主要经营进口商品,尤其是各国名牌商品。1931年"九·一八"事变前,进口商品与国货的比重基本是1/3,其中高档商品约占83%。永安公司第二代掌门人郭琳爽上任后,开始注重国货产品在百货商品中的比重。永安公司20世纪二三十年代平均年赢利100万元以上,最高达200万元,"孤岛"时期每年获利800多万元。永安公司的竞争优势主要体现在以下几个方面。

一是经营理念。在经营理念上,永安公司充分注重从消费者的角度去思考问题,改进服务方式,与顾客建立新型的供求关系。坚定"不二价"的营业方针,要求全体员工遵守共同的服务准则"顾客永远是对的",尽一切可能满足顾客的要求。为顾客提供全方位的服务,包括介绍、安装、送货、邮寄等。

二是重视企业文化。永安公司同舟共济和勇于开拓的企业文化精神来自公司从成立到发展的艰苦历程。从澳洲永安水果行到1907年香港永安百货公司创立,再到上海永安公司创立,逐渐形成了澳洲、香港和上海三地相互倚靠和支援的态势,具备了一般企业难以获得的经营优势和合力。如上海永安公司通过香港永安公司,积极从国外采购货物。较为成熟的香港永安公司为上海永安公司提供技术支持,如员工培训。到20世纪20年代中期,永安公司已经拥有工业、商业、银行、保险、房地产和其他各种服务行业的联号企业15家,资本总额在3 000万元(港币)以上,职工增至16 000余人,形成了比较完善的永安资本体系。永安公司勇于开拓的企业精神除了体现在经营区域从澳洲到中国、从香港到上海,还表现为不遗余力地制造和经销新商品,如取得独家经销权。永安公司经销环球百货并确保销售世界最新款式、最流行的商品,还设法与外国厂商订立合约,取得独家经销权,垄断货源,包牌经销,独占市场。1937年11月,上海租界(苏州河以南地区)成为"孤岛"。1941年12月,上海沦陷,被日军占领。这一时期,出现了不少文艺性综合刊物。但是就出版持续时间和内容的丰富度而言,永安公司创办的文化刊物《永安月刊》是首屈一指的。《永安月刊》给战时陷入"孤岛"和"沦陷区"的上海民众,提供了精神文化食粮。

三是提倡国货。作为民族资本的百货公司,在民族危急的关头,永安公司深知国货对于国民经济的重要性。1932年,永安公司拆除旧楼后扩大面积,新建了新永安大楼。在新大楼开幕时,公开征求国产货物,用于分门市推销及运销出口。"建筑雄伟,地点适中,实足以雄视东亚,将来拟专门经营国货,努力提高国货地位,务实包罗万有,荟萃精美,为我国最完备之国货市场。"永安公司就采取联系厂商、产销挂钩的方法,"对于欧美货品能择其适于我国人之所者,——仿效而改之,必使精益求精,无让外人以专美"。① 例如,与利益相关方——轻纺业的国货工厂建立产销关系,永安公司负责销售以及提供消费者的意见和需求,国货工厂负责产品质量以及按照要求进行生产。永安公司也会选择一些热销爆款的进口名牌商品,交给国货工厂进行仿制,为了使仿制顺利进行,永安公司还会尽力协助工厂分析进口名牌商品的配方和特点,比较同类商品的优劣势,帮助工厂提高产品质量水平,广开销路,扩大国货工厂的生产规模。② 此外,永安公司还利用自营手工工场生产或委托特定手工工场生产仿制外国名牌的"永安"牌小商品,如各种常用文具、肥皂、牙刷等。永安公司凭借其"用料讲究、做工好"的口碑为这部分国货打开销路,进而降低洋货的市场占有率。永安百货公司内经营的国货商品逐渐增多。③

四是重视自有资本的积累和资本流动性的提高。上海永安公司早期各年分配的利润都不到当年利润总额的50%,未分配的利润以"盈余滚存""建筑预备金""营业准备金""汇水预备金"等名目留存公司,用于公司扩大经营。上海永安公司自成立起到1931年底,一共增资三次,1919年增资50万港币,1927年增资250万港币和1931年增资500万港币,其中1927年和1931年的两次增资都是使用未分配利润。自有资本从1918年的200万港币增加到1931年的1170万港币,增长近6倍。随着百货公司的发展,自有资本对固定资产和流动资产投入的比例发生着变化,固定资本的投入减少,用于采购商品、购置房产和其他投资增加。如1929年利用自有资金拨款成立独立经营的银业部,前两年共拨款150万港币,为联号企业提供经营资金以及对联号企业和其他企业投资提供资金。通过这种方式为自有资本找到了投资出路,同时也有效地控制了联号企业的股权,把永安公司各联号企业联系在一起。永安公司还采用多种方式吸纳资金,增加流动资金,如吸纳华侨存款、发行礼券等。

(三) 新新公司

"新新"源自《礼记·大学》:"苟日新,日日新,又日新。"寓意"日日新又月月

---

① 徐鼎新. 民族资本企业经营管理经验初探[J]. 社会科学,1980(3):30-36.
② 同上。
③ 徐鼎新. 近代中国商业社会史迹追踪[M]. 北京:中华书局,2005:201-203.

新",每日都要奋发上进。1926年1月23日,原先施百货公司总经理刘锡基得到同乡、南洋兄弟烟草公司的简照南和广东银行的李煜棠等人的援助,在南京路中段先施公司西邻的会审公堂原址上创建上海新新公司。作为大型综合百货商厦,新新百货公司"本城唯一提供高等质量,上好服务,合理价格的理想商店"。① 整座大楼高7层,1至4层销售商品,其他楼层经营新新第一楼(酒馆)、新都美发厅、新都游乐场、新都溜冰场。② 新新公司以独家兴建的玻璃电台为噱头,先声夺人。又在夏日商场内首创冷气开放等手段参与竞争。资本额300万元,其中华侨投资占60%以上。

新新公司的特点就是突出"新"。力求带给消费者新鲜的体验。这种新鲜感从新新公司的开幕活动就开始体现,开幕仪式上,"门首高悬旗帜,遍扎鲜彩。楼下的扶梯旁,以丝绸扎成双龙,左右相对,中间悬一龙珠,行颇壮丽,双龙体内满储香水,展动机关,香水即由口内喷射"。③ 到场者无不兴奋地拿出手帕、丝巾、纸巾等蘸取香水。爆竹燃放时长打破纪录,长达半小时。除此以外,还向到场来宾赠送华商烟草公司出品的龙潭龙门牌香烟一包。新新百货公司正式营业后,也经常通过优惠活动招揽顾客或是利用夏季冷气招揽客户、参与市场竞争。其下属公司——新新公司银业储蓄部通过发行礼券、赠送日历的方式培养消费者黏性。"兹以该部为酬答开幕时之纪念号存户起见,每号均赠送新新美术日历一份。凡有该部之纪念号存折者,皆可凭折向该部领取。"

1926年2月发行公司机关报《新新日报》,以"花团锦簇之新新公司"为题,宣扬"日用需要之大陈列所"之经营宗旨:"主持新新公司者,皆有经验之大商家,对于进货上,极为注意,披沙拣金,取精用宏,无论其为国货土产,环球货物,无不选其最精之品,以供社会之需要。"

1927年3月建立演播室,新新公司进行无线电广播。这是上海第一家由中国人创办的电台,也是中国最早的民间广播电台。"新新玻璃电台"因其玻璃隔断的空间形式而表现出来的开放性,成为上海文化的重要象征。新新公司可以利用"新新玻璃电台"参与儿童生活,如"儿童幸福世界"的活动,"儿童国语演讲广播比赛"、父母节等。

---

① 李欧梵. 上海的百货大楼[J]. 世界知识,2001(1):37.
② 陈春舫. 从洋广杂货到环球百货[J]. 上海商业,2006(3):54-55.
③ 上海市档案馆,中山市社科联. 近代中国百货业先驱——上海四大公司档案汇编[M]. 上海:上海书店出版社,2010:8.

(四) 大新公司

"大新"得名于规模大、设备新、更大更新之意,展示了后来者居上,赶超前三家百货公司,一统上海百货业的决心。"不仅在上海足以一新耳目,实为我国百货公司之翘首。"大新公司的创始人是蔡昌。1932年上海大新公司筹备前,香港、广州已经设立大新公司。与永安公司一样,大新公司的基因里同样有澳洲的因子。1891年蔡昌前往澳洲投靠兄长蔡兴谋生,从事瓜果蔬菜种植业。1899年,兄弟两人决定由蔡兴带着多年来积累的财富回国寻求新的发展,蔡昌则留在悉尼发展。

1890年马应彪与蔡兴在香港成立"香港先施百货公司",开创了华人设立近代百货公司的先例。蔡兴长期担任先施公司总行董事局主席。1901年蔡兴让蔡昌回国,加盟先施。蔡昌到先施后,从普通营业员开始做起,逐步上升到管理层。但蔡昌并不满足于此,1910年蔡昌与蔡兴商议,决定筹划着创建自己的百货公司。他们利用在香港和广州商界建立的人脉,向商界募资400余万港元,在香港闹市区德铺道建立新的百货大楼,并命名为"大新公司"(The Da Sun Co., Ltd.),寓意"旭日初升、大展新猷",35岁的蔡昌任总经理。形成了与先施公司、永安公司三足鼎立的基本格局。为了在竞争中脱颖而出,大新公司充分借鉴前人经验,及时根据环境调整自己的经营,同时注重广告宣传,香港大新公司呈现出后来者居上的趋势。

蔡昌备受鼓舞,决定在广州建立广州大新公司。1914年,蔡氏兄弟在广州惠爱中路(今中山五路)购买土地并新建大楼,1916年"广州大新公司"(惠爱大新)正式成立。与香港大新公司不同的是,广州大新公司不仅销售全球百货,还设有酒馆与游乐场。1918年蔡昌在广州西堤开设了广州的第二家分店——西堤大新(城外大新)。西堤大新临珠江而建,外表气势恢宏,内部装修富丽堂皇,是当时广州的第一高楼,成为当时华南地区规模最大、装修最先进和最富丽堂皇的百货公司。大楼设有独立的供水、发电设备,还有四部独立的升降机供客人上下。其中一至七层是百货公司的商场,八、九两层是豪华酒店。此外西堤酒店还设有美发、洗浴、照相等服务,提供吃喝玩乐的全套服务。

上海公共租界与法租界的环境与香港环境更为相近,为大型百货公司的发展提供了优渥的土壤。这样的商业环境吸引了蔡氏两兄弟。但此时的上海已经有了先施、永安、新新三家大型百货公司,以及惠罗、福利、国货、中华等稍小的百货公司,竞争激烈。1932年蔡昌前往上海实地考察,筹划建立上海大新公司,选址在南京路西藏路角,交通便利,并顺应上海市中心西移的趋势。1934年,上海大新公司开始招股,最初的资本额是400万元,由香港大新公司认股100万元,老股东认股200万元,后增加到600万元,其中90%由华侨认购。1936年10月,大新公司开业。

上海大新公司为求与其他三家百货公司竞争,在建设之初就各方面力求新颖。负责建设上海大新公司的基泰工程公司曾在《申报》(1936年1月10日,星期五)上这样描述该建筑:公司地理位置优越。位于南京路西端,三面临街。非常适合百货、酒店、游乐设施等经营;公司规模巨大。整栋楼加上地窖共十层,全楼面积500万平方米;设立地下商场,开创上海乃至全国经营先例。并且地下部分设计精良、通行便利;一楼铺面安装了自动扶梯,同样开创了上海乃至全国的先例,为其他商场所未有之物。载客极为便利,兼具观光之效。一楼柜台多,为上海百货公司之最。各柜台宽敞大气,柜台之间间隔充裕,使得顾客无拥挤之患;大楼二、三层全部为商场,四层则设为写字间、货仓、茶室等。每层之间有电梯三部,层层设有男女厕所。设计十分人性化。五层及以上都为娱乐场所,设有电影场及其他各类游艺,但不与商场直通,而是另备楼梯与电梯。大楼外观整体壮丽,建筑简洁中式,越往上层色彩越浓厚,切合游乐设定,建筑用料考究。地基牢固,全部使用钢筋水泥,使用防火材料建造。内外墙部分均是防火建筑,持久耐用,且房屋梁构简洁。内部设有冷暖气管,冬暖夏凉。全楼皆设有救火管。

大新公司是大型百货公司中的后起之秀,面对激烈的竞争,大新公司从"新"字出发,不论是商场设计、经营销售还是企业管理上,都讲求"新",以小博大,以奇制胜。大新公司的"新"体现在以下几个方面。

第一,突破以往大百货公司以上层消费者为目标顾客的销售定位,大新的销售目标客户定位在中层、底层消费者,着重大众消费,实行平民化战略。在备货与销售上按照大众消费标准,树立"日常生活用品理想供应处"的形象。大新公司在上海最早开设了地下室的"廉价商场",销售粤式点心、茶和咖啡。蔡昌在开业典礼上指出今后上海大新公司的发展目标是"继续为社会服务,提倡国货,以利推销"。这种言论实际上也是为迎合广大民众的消费需求,和对国货公司提出的"抵制外货、提倡国货"倡议的一种承诺,即将提倡国货视作大新公司的经营原则之一。大新公司所销售的国货商品约占70%以上(《申报》,1937年1月10日,星期日)。

第二,创新服务内容和品质。大新公司以"竭尽全力为顾客服务"为其价值主张,并赢得了市场。首先,注重服务内容,打造一站式贴心服务,公司在员工管理守则中制定了 31 条服务顾客的规章制度,严格规定了从顾客进门到送顾客出门的每个环节。利用商场新颖的内部设施,便捷顾客购物,如装置自动扶梯。其次,注重服务道德,对每一位顾客都有着良好的服务态度。不论顾客购物与否,消费金额多少,都要使每一位顾客感到满意,留下一个好印象。例如公司规定每个商品部都需要备有若干小板凳,供顾客挑选时休息之用,还提供香烟、茶水招待。为便于顾客挑选和比较商品,开业初期还印有"购物指南"送予顾客,减少了顾客搜寻心仪商品的时间成本。再次,重服务品质。公司要求员工为顾客提供服务时需要迅速敏捷,不得拖拉散漫,化妆品部设有化妆室,服装部有试衣室、四面安装镜子。并且尽可能地提供售后服务,如销售皮鞋提供一次皮鞋养护服务,销售帽子提供一次清洗旧帽子的服务。商场各个角落必须保持干净、整齐,玻璃柜台必须始终整洁、美观,使得顾客一览无余、赏心悦目。销售人员需要讲究个人卫生,着装整洁得体,不同岗位职员身穿不同制服,使顾客易于区分。为此,公司专门设立理发室、洗衣部,为员工服务。

第三,采用品牌价值策略。一是定价实事求是,比其他百货公司低,不提高价格再打降价旗号,而以"商品一律明码标价,不折不扣的不二价"作为口号。信奉现代西方零售业的基本原则,树立坚守商业诚信,不二价、"一口价"的品牌形象,赢得消费者的信心与信任。二是定制质量优良、性价比高的大新自有品牌商品,吸引顾客树立对品牌的信念。此外,大新公司还通过文化推广提高自己的品牌价值。将文化与经营放在同等地位,在商场设立有书画部,举办各种文化展览。

第四,兼容中西的管理模式。蔡昌是上海大新公司的创立者和最高管理者,公司核心管理层基本上都是蔡氏家族成员,是典型的家族企业。同时,上海大新公司模仿近代西方公司管理,设有董事局、监察人、总监督、正司理、总司账等职务,并制定了《上海大新股份有限公司章程》,使得公司管理有章可循、依规办事。[1] 从商品管理、设备管理、服务管理、人事管理、大楼管理等五个主要方面细化管理。在这样的背景下,上海大新公司以近代资本主义企业管理模式为主、结合中国传统因素的方式管理整个企业的运营。[2] 如在人事招聘上,大新公司既看重引荐推荐,也注重考试考核。一般而言,广东籍的应聘者更具优势。

---

[1] 上海市档案馆,中山市社科联. 近代中国百货业先驱——上海四大公司档案汇编[M]. 上海:上海书店出版社,2010:288.

[2] 葛涛. 如日初升,以新制胜——上海大新公司的流金岁月[M]. 广州:广东经济出版社,2014:78.

表 3-4　四大公司经营对比表

公司名称	招股资本额	商品构成	竞争优势	地　位
上海先施公司	200 万港元，华侨投资 90%	种类 1 万多种，10 多个商品部，洋货与国货并存	1. "不二价"销售； 2. 统办环球商品； 3. 注重设施品质； 4. 新经营管理机制	上海首家民族资本的大百货公司
上海永安公司	250 万元，华侨投资 65.7%	主营进口商品，高档商品占 83%；"九·一八"事变后注重国货	1. 经营理念"客户永远是对的"； 2. 重视企业文化； 3. 助国货打开销路； 4. 重视资本积累和资本流动性提高	最名副其实的环球百货公司
上海新新公司	300 万元，华侨投资 60% 以上	收集最优质的国货、土产、洋货	1. "新新玻璃电台"的文化象征； 2. 首创夏季冷气开放的广告手段	1. 唯一向中国政府注册的商业企业； 2. 上海首家中国人电台
上海大新公司	600 万元，华侨投资 90%	国货商品占全部商品 70% 以上	1. 平民化战略； 2. 创新服务制度； 3. 品牌价值策略； 4. 兼容中西的管理模式	1. 全国首家地下商场； 2. 首家配备自动扶梯的商场

第三节　零售企业经营管理的变革

上海开埠后，广东商人来上海经营的主要模式是百货业，主要买卖广货、洋货、京货等，外商则开设主营洋货的洋行。在靠近港口的东部区域，百货业的经营形式从各类中小型的零售店和杂货铺开始，而后发展到 20 世纪初更加繁多和丰富的品种，并逐渐向西部延伸。而后，大型百货业兴起，集吃、穿、住、用、玩等于一体，兼具销售、展示等功。这类大型百货公司出现在南京东路四川中路路口附近，即福利、惠罗、汇司、泰兴等前"四大公司"。自 1917 年始，以先施百货公司为首，还包括永安、新新、大新的"四大公司"在南京路上接连续建立，形成了上海百货零售业聚集的新中心。四大公司的出现，使得百货业竞争的态势更加激烈。"大百货公司"与传统的小杂货铺相比，在资金规模、商场空间、经售商品种类、营销方式上都有根本区别。

现代百货公司的经营体系基本形成后,更多地考虑如何不断地扩大自己的经营范围,赚取更多的利润。20 世纪 30 年代南京路百货公司的经营突破了传统商业模式,呈现出不同于其他旧式商场,也不同于西洋和日本百货公司的新面貌。四大百货公司在发展主营业务,经销环球商品、附带推销国内土特产品之余,更加凸显出娱乐性和文化性,扩展零售外的其他领域,包括引进戏剧、音乐等文化艺术和娱乐游艺,如先施公司附设的先施乐园、弹子房、游艺场,永安公司附设的七重天舞厅、天韵楼娱乐场和屋顶花园,大新公司的 6 层至 10 层均设有游艺场。还设有高级旅馆、餐馆、高级浴室、溜冰场、银行、理发店等,如新新公司附设的新新第一楼(餐饮),[①]其涵盖餐饮、购物、商业、办公、住宿、会议、展览及娱乐等诸多元素。百货公司成为集吃喝玩游购娱为一体的大型综合商业体,功能多元,内容时尚,类似今天购物中心(Shopping Mall)的商业模式。

一、进货渠道

(一) 四大百货公司

四大百货公司一致的遵循"以销定进""以销促进"的进货原则。进货的款式、数量都要迅速地根据市场的需求做出反应。为了更有效地使采购的货物更加符合消费需求,四大公司一致采用的方式是"下放权力",把采购进货权给到商场的各个商品部,因为商品部是能够直接接触到客户的一线部门,他们更清楚哪些商品更加畅销。把进货和销货统一在商品部,也增强了商品部的责任,避免了商品滞销、推诿责任的情况。

四大百货公司以洋货为主营商品,因此打通洋货的进货渠道是重点也是难点,如何以更低的价格进货、如何获得种类更丰富的洋货是四大百货公司必须面对的问题。四大百货公司兼顾"向内"和"向外"两个渠道。其中"向内渠道"主要是从上海从事洋货批发业务的洋行[②]和东西洋庄进货。"向外渠道"是直接向洋

---

① 徐礼媛. 上海有条南京路——中华第一商街的商业文化特质[J]. 商业文化,2020(Z2):52-63.
② 洋行是外国商人在中国设立的商行商号。最早的洋行是 1715 年英国东印度公司在广州设立。鸦片战争后,洋行扩张至上海等通商口岸,1852 年仅在上海经营贸易的洋行就有 40 余家,至 1855 年各口岸约有洋行 200 家。1919 上海洋行中经营百货的就有近 80 家,包括英商泰隆洋行、森茂洋行、绵华洋行,德商礼和洋行、双龙洋行,美商最时洋行、鲁麟洋行、禅臣洋行,法商龙东洋行,日商三井洋行,等等。
转引自:何盛明. 财经大辞典[M]. 中国财政经济出版社,1990;实业部中国经济年鉴编纂委员会. 中国经济年鉴[M]. 商务印书馆,1935.

货生产厂家进货,如在国外建立办庄负责从事采购洋货业务(表3-5)。

表3-5 大百货公司洋货进货渠道的分类

进货渠道	分类	特点	举例
洋行	推销自己工厂产品	价格由工厂决定	绵华洋行经销链条牌木纱团
	包销	价格由洋行根据市场情况决定	禅臣洋行经销的鹅牌绒线、龙东洋行经销的手牌白兰地
	代理推销	价格由所代理商品的制造厂商决定,按销售情况取得佣金	—
	独家经销	签订合同,委托某百货公司独家经销某个商品	先施公司独家经销爱勿释金笔,永安公司独家经销美国康克令金笔
东西洋庄	与百货公司联系	并非百货公司进货的主要渠道,更多的起到了临时调货的作用	—
	与洋行联系	具有批发性质,分理或包销洋行的部分商品,扮演中间批发商的角色	西洋庄的锦章号,向德商礼和洋行包销礼和牌缝衣针
办庄	百货公司自有办庄	—	先施公司、永安公司、大新公司均在国外设有办庄
	百货公司委托办庄	—	实力小无法在国外设立办庄的百货公司则委托国外现有办庄,来处理采购国外货物业务

大百货公司对国货的采购量比较少,为了减少中间环节,压低进价,一般采用在产地或者工厂直接采购的方法。大百货公司的采购价格往往低于批发商,原因在于厂商把能够为大百货公司供货作为一种认可,证明自己产品质量好、品种新,"各大公司均有销售"对于厂商在宣传自己的产品时是极具说服力和认可度的。

大百货公司也会为了创立自己的国货品牌,或是为满足生产自有产品的需要,开设小型作场来满足自己的生产需求,或者会直接物色合适的厂商进行合作,开展生产活动。这种合作性的生产活动一般有两种形式:一是根据自己提供的洋货样品,让工厂按照要求制作,然后贴上百货公司自己的标志;二是要求自有小作场和外包工厂提供设计方案,百货公司认可后开始生产,贴百货公司的标志。这些定制商品一般包括男女皮鞋、布鞋、首饰、中西服装、箱子、镜框、眼镜、童车等。

(二) 国货公司

国货公司销售的全部产品均是国货,因此与大百货公司的进货方式明显不同,凸显的特点是工厂生产和产品销售的关系紧密,国货公司的销售是生产国货工厂的延伸。主要的进货方式有三种,即合作厂、寄售厂、现进户。各类销售柜台主营产品的厂商同时是国货公司的主要股东。各类销售柜台的次要产品来自寄售厂和现进户,他们并非国货公司的股东,主要是满足国货公司对各类柜台商品品种丰富度的要求(表3-6)。

表3-6 国货公司进货渠道的分类

分类	特　　点	举　　例	责　　任
合作厂	每个柜台的合作厂同时是国货公司的股东	—	—
合作厂	每个柜台的商品以合作厂为主,以其他工厂的产品为辅	绸缎柜以美亚织绸厂产品为主;内衣柜以五和织造厂产品为主;搪瓷柜以中华珐琅厂产品为主;糖果饼干柜以冠生园产品为主;帽子柜以华福帽厂产品为主	优先充分供应;产销之间沟通的桥梁,反馈消费者意见、销售情况等
合作厂	进货价格低,甚至低于出厂价格,抵补向国货公司支付的广告费	—	—
合作厂	产、销、银行的关系更加密切。工厂可以用国货公司的进货单从中国银行贷款,等商品售出后,由国货公司代银行扣还贷款。增加了工厂的流动资金		

(续　表)

分类	特　点	举　例	责　任
寄售厂	非国货公司股东的厂商委托国货公司销售的形式	毛巾、被单、瓷器、文具、皮件、童装等	有两种：一种是国货公司按工厂出厂价进货，销售价自定，盈亏自担。另一种是国货公司与工厂协商零售价，国货公司提取零售价的10%～20%作为回扣，产品滞销或者变质由工厂承担盈亏责任
现进户	数量不多，现进现卖，达到品种丰富的目的。后来受通货膨胀的影响，合作厂和寄售厂不断改为现进户	—	—

二、销售方式

（一）四大百货公司

1. 广告

先施公司从1918年8月开始发行《乐园日报》，前后共发行10年，主要刊登公司经营的游乐场所"先施乐园"每日的娱乐活动、节目安排等。永安公司的经营理念是不断地吸引顾客。在开业前就利用《申报》刊登各类信息和广告。截至1918年底，仅4个月时间广告费用就花费8 000多元。[①] 1939年5月，永安公司创办《永安月刊》作为公司市场宣传、推销商品的最佳平台。新新公司为了商业竞争，首创"玻璃电台"，不间断地播报新新公司的各项活动和商品售卖信息，并不定期地播送新闻、音乐、戏曲等内容。顾客可以一边购物，一边收听播音。大新公司则是在周年纪念时赠送大新香皂答谢老顾客。

2. 促销

减价促销是百货市场上最频繁使用的一种促销手段。每年换季时的折扣活动至少有4次，使社会各个阶层都能买到称心的商品。永安公司通过对顾客心理的研究，设计不同的促销手段。如每年举办6次常规减价活动，春、夏、秋、冬

---

① 王有枚，缪林生.上海永安公司史料[J].安徽大学学报，1979(1)：42-61.

每次换季时一次,圣诞和春节各一次。参与减价促销的商品主要是滞销商品。减价活动时,永安公司会登报宣传。先施公司每年至少举行 5 次大减价。选择在上海以及沪宁、沪杭铁路沿线各地投放广告。减价时,一般而言除香烟、罐头等薄利商品会维持原价外,其余商品都会有一定的折扣。先施公司还首次设立"一元商品"专柜,将各种日用小商品捆绑销售。[①] 大新公司在地下室辟设短期性的集中特价"拍卖场",出售滞销货物。新新公司也善用大减价。按照《新闻报》刊登的促销广告进行统计:仅 1933 年一年,新新公司就进行过 10 次大减价,累计 253 天。1943 年以后,几乎每天都在大减价。[②] 足见各大百货公司竞争的激烈程度。

3. 礼券和赊购

发售礼券具有预付交易的性质,是买方(消费者)向卖方(百货公司等)的授信行为。礼券仅限于在指定商场使用且不能兑现,本质是商家向消费者出具的一种债权凭证,是一种商业信用工具。这种方式在吸收社会资金、扩充流动资金的同时扩大了销售业务。大百货公司每逢过节,便会出售这种具有"代金券"性质的礼券,深受消费者欢迎,销售额巨大,占日营业额的 80% 左右。礼券是类似"无息存款"的形式,能很好地调剂周转资金。

凭折赊销与发售礼券刚好相反,是先消费再付款,是对消费者信用的预支。凭折赊销只针对被纳入重要客户的殷实富户。根据顾客的实力分为西折户和中折户。西折户的货款结算周期较短,按月结算;中折户的货款结算周期较长,按端午、中秋和除夕"三节"结算。凭折赊销一般只出现在币值稳定的时候,随着通货膨胀的不断加剧,凭折赊销被取消。

4. 配送业务

配送业务是百货公司为促进商品的销售,不断向消费者提供更多适应消费者需要的一种劳务手段。邮寄业务和送货上门都是大百货公司为招揽顾客提供的服务,邮寄业务主要是为方便外地顾客购买商品。1919 年上海永安公司率先成立邮售服务部,1920 年上海先施公司也相继成立邮售服务部,负责外地顾客的消费和邮寄业务,并在全国各大城市刊登广告宣传该业务,同时不

---

① 上海百货公司,上海社会科学院经济研究所,上海市工商行政管理局. 上海近代百货商业史[M]. 上海:上海社会科学院出版社,1988:139.
② 上海社会科学院经济研究所. 上海永安公司的产生、发展和改造[M]. 上海:上海人民出版社,1981:145.

断提大邮售服务范围,东北至沈阳、安东,西北至潼关、西安,西至成都,南至福州等地。① 大新公司拓展代客服务的范围,可谓全面周到、细致入微,涵盖电话购货、函购、代客送货、代客设计、代客安装、代客加工、代客修理、代客送礼等。送货上门主要针对本市顾客,提供电话购物、托付代送、到付货款等业务。

5. 销售国货

五四运动发生后,南京路的百货公司清晰地领悟到其中的精神并采取了一系列支持国货的行动。永安公司重申创业宗旨:"提倡工业,推进本国的产品",②并采取"大减价"的促销活动。先施公司从推销国货和招揽国货两方面打通国货销售渠道,并在5楼设立专营国货的柜台。先施公司和永安公司同时宣布停止销售日本商品,并在后来的经营中,多次举办国货展览会。随后开业的新新公司和大新公司采用"薄利多销"的方法,提高国货在销售中的比例。

四大公司在经营环球百货的同时,也适应国内"抵制日货"的政治形势,大力推销国货。先施的经营者同步宣传"舶来品牌商品"、国货以及自有产品,把可平价替代"舶来品牌商品"的国产商品和物美价廉的自有工厂制造的商品同时陈列,为顾客提供更多样的选择。永安公司为了提高国货销售占比,还专门设立了国货商场,销售各地特产和做工精美、质量上乘的民族工业品。其中就包括了从景德镇专门定制的瓷器。这类瓷器烧制之前,会请资历很深的老画工精心绘制,从采购到选样再到委托烧制都由专门人员负责,并在底部盖有"永安公司监制"的印章。

新新公司仿照永安公司,在公司4楼也设立了国货大商场。大新公司更是主要推广和销售国产平价替代品和改良商品,陈列的国产货品主要包括丝绸、瓷器、木器等。为追求国产商品的做工精良和卓越品质,大新公司还与国货生产厂商通力合作,共同研究舶来商品的复刻和改良,实现产品的尽善尽美。大新公司还推出了厂商定制的贴牌商品,扩大公司在市场上的影响力和品牌知名度,如大新香皂、大新雪茄、大新衬衫、大新牌信笺、大新日记簿等。先施公司和永安公司也同样热衷于开发自有品牌商品,例如,先施公司定制了"先施舞袜",永安公司定制了"飞机牌"优质汗衫和"永安牌"肥皂等。

---

① 上海百货公司,上海社会科学院经济研究所,上海市工商行政管理局. 上海近代百货商业史[M]. 上海:上海社会科学院出版社,1988:138.
② 菊池敏夫. 近代上海的百货公司与都市文化[M]. 陈祖恩,译. 上海:上海人民出版社,2012:120.

（二）国货公司

国货公司的销售形式多样。如赛会，即为吸引顾客，举办巡游、活报剧等活动，营造热闹的气氛，吸引顾客驻足停留；举办国货展销会，包括时装展销会、新品展销会等；打包销售，如创设九九商场，打包销售组合产品，规定统一价格九角九分；设立礼品专柜，把常作为礼品的商品统一集中在礼品专柜，并提供送礼服务。

20世纪以后，除了在上海兴起并得到长足发展的大型百货公司以外，随着国货运动的发展又逐渐诞生了一批国货产销机构，这在商业行业的发展中，是令人注目的事件。辛亥革命期间，在上海又首先诞生出了最早的提倡国货的团体——中华国货维持会。中华国货维持会以倡用国货、发展商业、提倡实业、提倡国货出口等为宣传宗旨，积极倡导举办国货展览，推动销售。在他们的倡导下，上海在1912年成立了华粹国货公司，1915年成立了隆泉公记号，1916年成立了中华国货公司，1918年成立了公发国货公司，1923年成立了小世界国货公司，1925年成立了上海国货商场，这些都是以专销国货为口号的商业企业。它们的产生和发展，与当时民众倡用国货抵制外货的运动相联系，有很大的社会影响。20世纪30年代以后，随着国货运动的进一步发展，专门销售国产工业品的大型国货公司也产生了。1932年上海第一批著名的民族工业企业中，成立了中华国货产销协会。同年9月中国化学工业社、美亚织绸厂、五和织造厂、华生电器厂等9家著名国货工厂，在南京路开设九厂临时国货联合商场，每家出两个产品共18种，进行为期18天的展销，以纪念"九·一八"事变。由于商场以爱国为号召，在展销期间销售很旺，故在九厂临时国货联合商场业务结束以后，又筹设永久性的大型国货公司，1933年上海中国国货股份有限公司开业。它的性质与百货公司不同，是民族资本企业的"一家工厂联合门市部"，[①]主营大额批发业务。

三、管理制度

（一）四大百货公司

四大百货公司均是近代资本主义性质的公司组织，机构设置基本参照英国百货公司。董事部负责公司经营管理，是公司最高决策机构。具体业务由正副经理负责，分别负责人事、财务、业务等工作。公司分设总账房、庶务等管理部门，以及

---

① 上海百货公司，上海社会科学院经济研究所，上海市工商行政管理局.上海近代百货商业史[M].上海：上海社会科学院出版社，1988：110.

进货间专门负责进销业务。进货间下设若干营业部,员工人数由营业部规模和业务量大小决定,10~50人不等。各部设部长1~2人,负责管理本部内部具体业务和人事工作。营业部外设有监察管理人员,1位监察员管理多个营业部,负责监察营业部的各项工作情况和布置正副经理交办的事务(图3-6)。

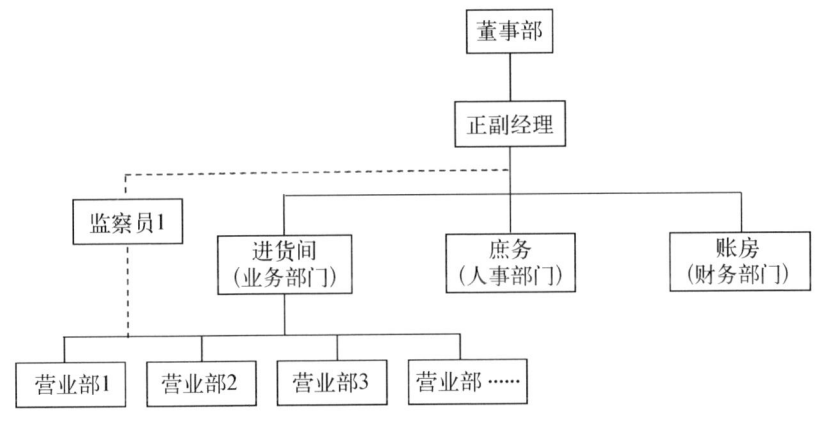

图3-6　四大百货公司的组织结构图

为获得对公司的实际控制权,大资本家通过扩大股权,任用家族中人,削弱其他资本家的势力,使公司发展成为家族企业,如先施公司大权由马氏家族掌控,永安公司的最高权力掌握在郭氏家族,大新公司的实权被蔡氏家族掌控,新新公司则由被排挤出先施公司的刘锡基创立并掌控。

高级职员负责公司经营管理,多数高级职员同时是公司股东,是公司"元老"级职工和大资本家的亲信或同乡。如先施公司和永安公司的高级职员就是从香港公司选派的。高级职员除了负责进销、财务等重点业务外,还承担公司智囊团的角色,在管理会议和部长会议上对公司重点问题进行汇报、展开讨论并决策和布置工作。为加强对职工的管理,大百货公司按照高级职员和普通职员的划分以及广东帮和非广东帮的划分,区别对待职员的待遇和任用,在百货公司形成了较为森严的等级制度。

(二) 国货公司

国货公司的管理制度同时汲取和改进了上海商务印书馆的科学管理和四大百货公司行之有效的管理措施。国货公司的最高权力机构是全体股东大会,由股东大会选举出董事和监察人组成董事会,作为公司实际的权力机构。再由董事会推选总经理、经理、副经理等主要职位人选,管理公司人事、总务、营业、进货、会计等5个部门(图3-7)。其中有两个部门比较特殊,一是会计,该部门主任由中国银行委派,负责监督全公司的财务和会计等活动;二是进货,相比进货部部长而言,商品柜柜长的权力更大,商品柜柜长大多是股东厂商派驻的,需要承担商品销售中的一切责任,权力也较大,有权决定商品的进货量和价格。进货部虽然统筹公司进货,但是无权单独进货,需要和柜长沟通后,取得柜长同意,才能够向工厂办理进货。这种进货与销货紧密结合的制度安排,很大程度上避免了进销脱节和商品积压。

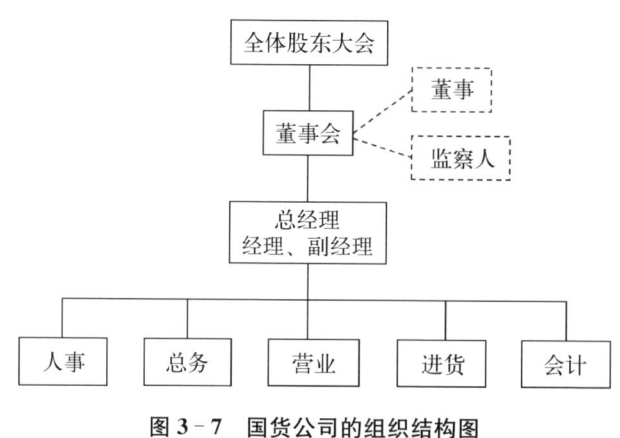

图3-7 国货公司的组织结构图

第四节 私营零售业的社会主义改造

一、小百货零售业的社会主义改造

1949年5月,小百货零售业的在册会员数是1 068户。随后小百货零售业几经反复,最终实现社会主义改造。1951年国营和合作社商业网点并不能够满足消费者需求,对私营商业有一定的扶持,这种情况下,私营小百货零售业尚有缓慢发展。1952年"五反"运动前,行业中68%以上商品是直接从私营工厂进货,经过私营批发商环节进货的商品只占30%,向国营商业进货仅占2%左右。1952年"三反""五反"运动开始后,私营小百货零售业的营业额有所下降。1953年随着国家对税制和公司关系的调整,取消了统一采购,国营商业实行经济核算,市场活跃性加大,私营小百货零售业营业额又有了上升,比1952年同期增加近50%。1956年私营小百货零售业开始全面合营。由国营公司(即国有企业)、同业工会和职工代表组成上海市百货商业公私合营筹备委员会,下设办公室,具体负责合营筹备工作。组成人员来自国营公司和劳资双方。委员会按照"公平合理,实事求是""从宽处理,尽量了结"的原则,由资本家自点、自估、自报、职工协助监督、同业评议,再由主管部门批准,报上级机关备案。[1] 根据"赎买"政策对私股股东按照核算的私股股额发放固定利息率的股息。人事安排贯彻民主协商的精神,对具有实职的人员采取"包下来"和"量才使用,适当照顾"的原则;对一般店员采用"基本不动,个别调整"的方针。经过合营,小百货零售企业性质发生改变。

二、大百货公司的社会主义改造

中华人民共和国成立初期,大百货公司数量并不多,除了最为著名的永安、先施、新新和大新四大百货公司外,还有中国国货、丽华、中华、华新、泰昌、丽安、中国内衣、信大懋等共十二家。[2]中华人民共和国成立后,经济秩序逐渐步入正轨,商业活跃度增加。在中华人民共和国成立初期,这些大百货公司起到了对国营商业网点的补充作用,四大百货公司的营业额增加了2倍。[3]但是受市场环境、客户改变、需求变化、经营不善、资金紧缺等因素的影响,百货公司的经营逐渐低迷。1951年公司党组织团结资本家改善经营管理,建立劳资协商会督促百货公司改变经营方针,扩大国产大众日用商品的销售比例,1951年营业额增长了20%。在社会主义改造的进程中,四大百货公司打造的进货和销售渠道,被政府统一管理的全国百货公司流通新渠道全面取代。先施公司、新新公司和大新公司陆续停业,并转出上海。随着1953年"过渡时期的总路线"的出台,永安公司则于1956年通过"公私合营"成为"社会主义计划经济体制"企业,成为一个物流基地。

实际上,在1954年对永安公司进行社会主义改造之前,永安公司的"五反"运动[4]已经顺利完成。上海市增产节约委员会根据已掌握的违法事实和永安公

---

[1] 刘岸冰. 公私合营后中国企业制度的历史性转折[D]. 上海:上海社会科学院,2011:4.
[2] 上海百货公司,上海社会科学院经济研究所,上海市工商行政管理局. 上海近代百货商业史[M]. 上海社会科学院出版社,1988:295.
[3] 上海社会科学院经济研究所. 上海资本主义工商业的社会主义改造[M]. 上海:上海人民出版社,1980:79.
[4] "五反"运动指反行贿、反偷税漏税、反盗骗国家资产、反偷工减料、反盗窃国家经济情报。

司的态度,评定永安公司为"基本守法户",退财补税 5 866 元。永安公司的"五反"运动的意义不止局限在对违法行为的处理,更重要的是促使企业内部关系发生了变化,职工的监督作用得到充分发挥,为后续的社会主义改造奠定了群众基础。"五反"运动后,1952 年永安公司成立业务改进委员会,重点关注关键业务和关键问题,如因柜台分散进货带来的捞取回扣问题。针对经营管理,进行了一系列的改革。一是确立了为广大劳动人民服务的经营方针,逐渐减少高档商品的比重,扩充性价比高的国货,采用薄利多销的营销策略;二是改进进货制度,进货计划需经过职工讨论后再递交业务部审核办理,做到了进货不盲目,贴近市场行情;三是延长营业时间;四是按照累进减税的方案适当改变工资高低悬殊巨大的情况。调整后的第一个月,永安公司的营业额就增长了近 70%。改革后,1952 年 7 月的销售额就比当年 5 月增加了 60%以上。1953 年实现由亏转盈,盈余 16 万元。过渡时期总路线明确后,国营公司的加工订货和包销业务不断扩大,市场流动购买力不断减少,永安公司的经营受到冲击,1954 年 1 月至 6 月的营业额比 1953 年同期下降一半。

从 1950 年开始,大百货公司陆续歇业、停业和转业,只有永安公司在艰难维持。到 1956 年初全行业合营前,对大百货公司的社会主义改造主要是对永安公司的社会主义改造。1954 年 11 月,永安公司开始了社会主义初步改造。改造的主要内容包括:

(1) 签订部分商品批购合约,按照合约计划,选购由国营企业包销的工业产品,初步纳入国家计划轨道。

(2) 设立国产代销专柜,如国产罐头食品代销专柜。

(3) 企业内部党组织通过领导工会督促企业进行内部改革。包括停止部分亏损业务,如舞厅、餐饮酒楼、西餐咖啡等;改革工资制度,拉近与国营商业职工工资水平;取消回扣、赊账等商业行为。

经过社会主义初步改造,永安公司解决了部分经营层面的问题。但是企业性质没有改变,永安公司在社会主义初步改造阶段并未涉及管理制度层面的问题,如资本家独揽大权、人事调配不当、制度混乱、管理松懈等。国家在 1955 年 11 月开始对永安公司进行高级形式的彻底改造。改造分步骤进行。先是批准永安公司提出的公私合营申请。随后在国营中国百货公司上海市公司的组织下,成立合营筹备委员会,由公方代表 3 人、职工代表 7 人、资方代表 5 人组成。经过各方协商,就企业名称、领导权、董事会、定息、人事安排等重大事项达成协议,具体如下。

（1）公私合营后的永安公司命名为"公私合营永安公司",其下属企业名称均在原名称前加"公私合营",接受中国百货公司上海市公司的领导和管理。

（2）公私合营永安公司董事会由中国百货公司上海市公司派公股代表,私营永安公司原有董事会委派私股代表共同组成。

（3）公方根据企业经营需要酌情投资,私方以原企业全部资产按清产核资后的净值作为私股投资。

（4）由中国百货公司上海市公司发给私股股票,并按规定利息,定期发给私股股息。

（5）原私营企业的对外一切债务及各项担保事宜,应在合营前由私方负责清理,合营后如又发现新增未清理债务及各项担保,则由私方负责。

（6）原私营企业实职人员除自愿离职者,由合营企业根据国家政策及实职人员具体情况和才能任用（表3-7）。

表3-7　1956年公私合营永安公司股份构成情况

股份所有者	股 数	占总股数比例/%
公股（中国银行、交通银行）	71 613	0.95
代管股（由交通银行代管）	3 889	0.05
职工股（主要指高级职员）	105 893	1.41
公私合营企业股（永安纱厂、新丰保险公司、合营银行等）	920 851	12.28
私股（香港永安公司、永安水火保险公司、永安银行等）	6 221 672	82.96
其他	176 082	2.35
共计	7 500 000	100.00

资料来源：根据1956年7月28日上海永安公司董事会记录编制。转引自上海社会科学院经济研究所的《上海永安公司的产生、发展和改造》,上海人民出版社1981年出版,第275页。

1956年1月改造后的公私合营永安公司成立。参照国营公司体制和规章制度对永安公司进行改造。经过改造,公私合营永安公司的货源得到大力支持,在劳动效率、技术革新、资金周转等方面都有所好转,基本实现了由亏转盈。公私合营后,又经历了13年的发展,于1969年11月改为国营上海市第十百货商店(见表3-8,图3-8,图3-9)。

表3-8 永安公司公私合营前后主要经营指标的对比

项 目	1955年	公私合营后			
		1956年	1957年	1958年	1959年
销售额/万元	600.6	1 785.9	1 952.3	2 675.4	3 417.9
营业人员/人	559	664	832	898	766
进货比重/%	75	87.5	90	90	90
差错率/‰	566	63.6	10.2	21.5	13.8

数据来源:转引自上海市工商行政管理局、上海市百货公司史料编写小组《上海私营百货商业的发生、发展和社会主义改造》,上海人民出版社1981年出版,第305页。

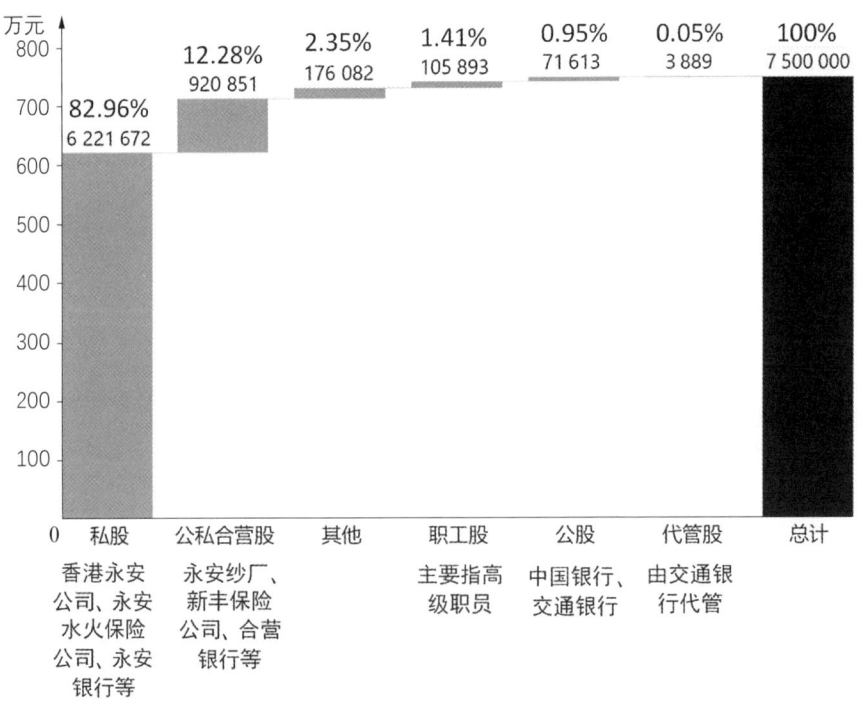

图3-8 1956年上海公私合营永安公司股份构成瀑布图

资料来源:根据1956年7月28日上海永安公司董事会记录编制。转引自上海社会科学院经济研究所《上海永安公司的产生、发展和改造》,上海人民出版社1981年出版。

三、小商小贩的社会主义改造

小商小贩指不雇佣员工或只雇佣少数辅助人员的小商店和肩挑叫卖、摆摊出售的商户,这些商户本钱少,他们既是劳动者,也是私有者。对零售业小商小贩的社会主义改造主要针对小商店和零售摊贩。

小商店在社会主义改造前共有749户,其中220户小商店雇佣一个员工,夫妻小商店529户。从业人员共1529人,占全业总人数的41.03%,共有资金91万元。1956年对小商店的社会主义改造主要分两种:一是对商场柜户进行全行业公私合营,实行清产定股;二是撤销区域性过剩的小商店,从业人员调入公私合营商店继续工作。改造分两步走:第一步采用现款代销办法,纳入"分散经营,各负盈亏"的合作小组;第二步于1959年陆续实行"分散经营,共负盈亏"的合作社形式。

零售摊贩的特点是户数广,资金少,最少的只有10余元。经营品种、营业时间、营业地点的随意性很大,商品质量参差不齐,同时存在欺骗的现象。对零售摊贩的改造分三步走。第一步整顿管理,1956年底前在各区成立16个百货中心点,作为百货摊贩合作小组的领导管理机构。第二步组织"分散经营,各负盈亏"的合作小组,提高经营积极性;同时开展思想政治教育工作,并给予相应的关怀、救济和支持。第三步于1958年,改造为"分散经营,共负盈亏"的合作商店形式,以集体劳动者所有制代替了个体劳动者所有制。

第五节 上海国营零售公司的出现

一、国营百货零售商店——国营上海市日用品公司

中华人民共和国成立前夕,商品市场混乱,百货零售商品价格上涨迅猛,1949年6月21日至7月30日,太平洋被单、三角牌毛巾的价格上涨了1倍,四合一香皂的价格上涨了近3倍。为稳定物价恢复百货零售市场,保障市民日常生活用品的供应,1949年10月20日,上海成立了"国营上海市日用品公司门市部",按照当时陈毅市长的说法"这是我们自己的商店"。它也成为新中国第一家国营百货零售商店,原址在南京东路627号浙江路口(浙江路口新永安大厦

底层)。

国营上海市日用品公司成立后,呈现出与旧商业完全不同的经营方式和作风。如营业员站柜台并佩戴工号牌、货架陈列商品明码标价、买卖货真价实、"不二价"、商场设立顾客意见簿等。国营上海市日用品公司经营状况良好,规模不断扩展,营业面积扩大到 2 800 多平方米,经营品种增加到 1 万余种,员工 400 多人,还设立了上海大厦供应站、机场供应站、海关物资廉价部等具有连锁性质的零售门店。它开业的第一天便接待了上万人次的顾客,第一个月的营业额便达到了原上海四大百货公司营业额总和的六成。

1950 年 5 月,国营上海市日用品公司改组,改组后分为两个机构,一个是国营中国百货公司华东区公司,负责全国百货工业品的采购和调拨;另一个是国营中国百货公司上海市公司,专门负责上海市市场,该公司于 1951 年改名为"中国百货公司上海市公司第一门市部"。1952 年 12 月 10 日正式定名"国营上海市第一百货商店",①是上海解放后建立的第一家国营百货商店。1953 年 10 月,大新公司的商场部分正式结束营业。原大新公司商场铺面等设施由国营中国百货公司上海市公司承租,上海市第一百货商店正式入驻,实行资本主义经营模式的百货商场被社会主义国营百货商场取代。1956 年,在资本主义工商业的社会主义改造中,上海大新有限公司实现合营。② 1960 年,大新游乐场停止营业,场地交由上海市第一百货商店使用。营业场所的面积 1 095 平方米,经营 3 000 多种商品(图 3-9)。

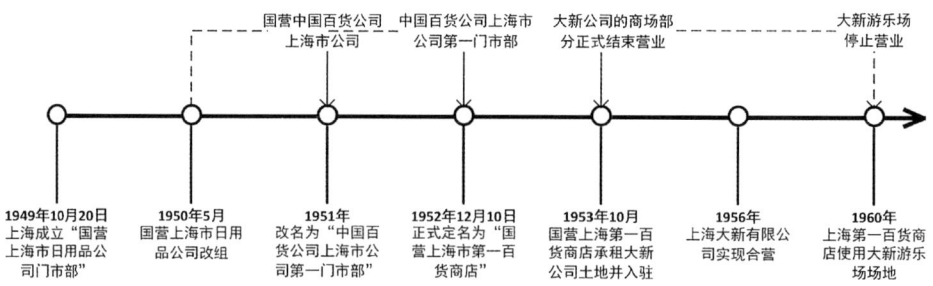

图 3-9　国营上海日用品公司的形成过程

---

① 周海健. 庆祝中华人民共和国成立 70 周年上海举行"商业发展回顾与展望"座谈会[J]. 上海商业,2019(10):4-14.

② 严宇鸣. 新中国成立初期上海首轮工资改革运动的历史考察[J]. 中共党史研究,2017(3):12-30.

国营上海市第一百货商店本着"开展城乡物资交流,保障物资供应,稳定市场物价,取缔投机资本"的宗旨,致力于建立和发展社会主义商业体系,把上海半封建半殖民地的旧市场改造成为人民生产服务的新市场。[①] 坚持"批发为主,零售为辅",大力开展批发业务。以国营中国百货公司华东区公司为依托,调节市场供给、稳定物价、打通城乡物资流通渠道。国营上海第一百货商店逐渐控制了百货商品的流通,强化了国营经济在批发市场上的领导权。对于零售商业而言,国营中国百货公司以"稳住零售市场价格,制止投机商人扰乱市场"为原则,加强国营经济在零售市场上的领导地位。

此外,国营上海市第一百货商店还不断完善零售经营管理。一是建立以零售金额结算为核心,包括"计数摺""明细(分类)账""交接簿""盘点报表"在内的"三账一表"商品管理制度,实现了由原来贸易金库报账制向独立核算的经营责任制的过渡,健全柜组管理,加强了经营责任。二是形成了商品组长、进货员、营业员"三结合"进货方式,立足上海,面向全国,站批挂钩,自行采购;使全店供应商品高中低档次齐全,大中小品种配套,既满足了消费购买,还培育了一批会核算、讲成本的经营者。三是做好商品上柜,大力抓好销售,在商品供应充沛时,总结推广"货卖一大堆"等十大推销法,吸引消费,扩大销售额。在国民经济困难供求失衡时期,组织柜组开展修旧利废、以卖带租、宣传节约代用等。在凭证凭票供应年代,大搞操作练兵、提高售货技艺和服务质量。四是总结服务经验,开展商品小专家活动,提倡营业员人人熟悉商品知识,提高服务技艺,涌现了一批"一看准""一量准""一摸准"等服务能手和服务标兵。从1957年提出"主动、热情、耐心、周到"八字服务方针,到1965年确立的"接一问二招呼三"的接待方式,"守岗位,先招呼,勤出样,多介绍,送方便"十五字服务标准,推出了缺货登记、拆零供应等一批便民服务项目,在全市商业系统中广泛推广。

改革开放后,国营上海市第一百货商店坚持一个中心两个基本点,采取了一系列改革措施。员工积极性、经营效益都得到了大幅提高,1991年的销售总额比1977年增长了6倍。具体包括以下四个方面。

一是权力下放,在体制机制上不断深化改革。1985年下放经营权、人事权,商场有权选择进货渠道,有权规划促销,有权任免柜长、商品部主任,有权按承包合同自主决定奖金分配等。1985年推行经营承包责任制,1986年引厂进店。发

[①] 上海百货公司,上海社会科学院经济研究所,上海市工商行政管理局. 上海近代百货商业史[M]. 上海:上海社会科学院出版社,1988:288-289.

展跨省、跨地区的工商连销。①

二是增强竞争意识，采用多元营销方式。改变商店单一的营销形式，采用专柜、展销、订货会、举办商品节等营销方式，吸引消费者。1985年商店将五楼600平方米的大礼堂改为博览展销厅。用1985年至1987年两年的时间，旧店翻新，边营业边改造，优化了商店经营环境。更新了6部升降电梯和7部直梯，安装了店标、防火监控设备等。

三是引厂进店，设立工商联销专柜。各商场在厂店挂钩的基础上设立工商联合销售专柜。从市内联合销售开始逐渐发展到跨省市、跨地区、跨所有制的联合销售。例如四川成都蚊帐个体户"杨百万"开创了国营大店和个体经营者联销的先例，他在商店设立专柜，物美价廉，深受消费者喜欢。

四是规范服务，设立服务质量管理机构。制定《营业员服务规范》，建立三级服务管理网络，设立"热心顾客信箱""顾客接待室""商场服务台"，使全店服务质量管理从突击性管理变为经常性管理，从事后管理变为事前管理，从单纯定性考核变为定性定量相结合考核。

1992年上海市第一百货商店改制为商业股份制企业，即"上海市第一百货商店股份有限公司"。②上海市第一百货商店股份有限公司于1992年6月1日正式成立，位于南京东路830号。改制后的公司从单一经营转为多元经营，将经营范围由百货零售延伸到批发、餐饮、旅馆、金融、科技、生产加工、贸易等，拥有全资、控股、参股企业50多家。1993年2月19日，中百一店股票在上海证券交易所上市交易。公司成立后，为进一步发展壮大，确定了其发展

---

① 和风. 将"第一"进行到底——记"中华老字号"上海市第一百货商店[J]. 上海质量，2012（1）：56-59.

② 《关于上海市第一百货商店股份有限公司申请配股的批复》，中国证券监督管理委员会公告，颁布日期1999-01-26，执行日期1999-01-26。

全文如下：

《中国证券监督管理委员会关于上海市第一百货商店股份有限公司申请配股的批复》

上海市第一百货商店股份有限公司：

你公司报送的配股申报材料收悉。根据上海市证券期货监督管理办公室《关于同意上海市第一百货商店股份有限公司1998年增资配股方案的意见》（沪证监E〔1998〕122号）和《上海市第一百货商店股份有限公司1997年度股东大会决议》，经审核，现批复如下：

一、同意你公司向全体股东配售79 960 253股普通股。其中向国家股股东配售31 227 147股，向法人股股东配售7 743 794股，向前次受让转配股股东配售7 233 408股，向社会公众股股东配售33 755 904股。

二、你公司应严格按照报送我会的《配股说明书》中的方案进行配股，并在1999年4月20日之前完成所有配股工作。

三、你公司向国家股股东、法人股股东及前次受让转配股股东配售的股票，在国家有关规定公布之前，暂不上市流通。

战略目标,"壮大主体实力,东西两翼齐飞"。其中"壮大主体实力"主要是通过将已建成主大楼的 5、6、7 三层开辟为三个新的商场,在主大楼旁新建建筑面积为 6.6 万平方米的东楼。"东西两翼齐飞"的"东翼"指在浦东兴建的中外合资的"上海第一八佰伴新世纪商厦",层高 10 层,建筑面积 14 万平方米。商厦于 1995 年开业,是当时亚洲规模最大的现代商厦。其"西翼"指在沪西曹家渡商业中心建立的"上海第一百货沪西商厦",建筑面积为 5.7 万平方米。主体和两翼建成后,上海市第一百货商店股份有限公司增效显著,一跃成为世界百货业联合会成员单位。公司股票被推选为"上证 30 指数"样本股。1997 年公司总资产 25.7 亿元人民币,净资产 14 亿元,销售总额 55 亿元,利润总额 1.64 亿元,主要经济指标连续十三年保持全国同行第一。[①] 2007 年 12 月 28 日,第一百货扩建新楼建成营业。2008 年 11 月 27 日,第一百货老楼完成了建店以来最大规模的整体修缮工程。

上海市第一百货商店不断强化和规范服务意识,在上海商业行业中率先推行 ISO 9002 国际质量标准,是全国零售企业中率先通过 ISO 9002 国际质量标准认证的企业。[②] 被授予是"上海市文明单位""亚洲最佳百货公司""全国用户满意企业""国内贸易部优秀企业""重合同守信用优秀企业""物价、计量、政策法规最佳单位"等荣誉称号。被中国工商银行评估为"AAA 级资信单位",是全国百家最佳经济效益百货零售企业和中国五百家极大商业服务企业之一,也是中国极大的三百家股份制企业之一。公司已逐步发展成为一个"一业为主,多种经营"的以资产为纽带,跨行业、跨地区、多功能的大型流通企业。

二、国营 24 小时便利店——上海星火日夜食品商店

上海第一家 24 小时服务的商店——上海星火日夜食品商店成立于 1968 年 9 月 26 日,坐落于上海西藏中路、北京东路路口的繁华地区,是全国第一家国营日夜商店,也是全国第一家 24 小时食品店,鼎盛时期共有 8 家分店。那个时候商店营业时间都很短,星火日夜食品店之所以做 24 小时店,主要是体现为人民服务的理念。在上海星火日夜食品商店的基础上,于 1992 年成立了星火日夜实业公司,注册资金 50 万元,拥有 1 家总店和 9 家分店,125 名员工。1997 年公司

---

① 朱国栋,王国章.上海商业史[M].上海:上海财经大学出版社,1999:434-436.
② 王林奕莘,李广林,董绍诚,等.携手合作,描绘更美好的明天——香港回归祖国一周年感言[J].沪港经济,1998(S1):39-45.

销售额突破 5 000 万元，利润 130 万元。以"为顾客着想，使顾客得益"为企业宗旨，坚持"日夜服务"的便民服务，以"细、小、杂、高、中、低、名、特、优"的商品和供应糖尿病食品的经营特色吸引消费者，促进企业经济效益和社会效益的提高。

第四章 上海零售的创新、转型和升级

1949年后到改革开放以前,上海零售业基本长期处在初级水平,大型商业设施只有民国时期建成的几座百货大楼,并无新增。零散的零售网点难以满足居民的消费需求。值得庆幸的是,上海在近代就已经逐渐形成的海派商业文化、消费文化始终根植在上海这座城市的血液中,并在改革开放后发芽。1979—1990年,上海消费文化复苏,由"生产型城市"向"消费型城市"转型,以百货为主导的商业项目逐渐走向现代化、国际化。1990年以后,上海抓住开发开放浦东的新机遇,加快产业结构调整,优先发展第三产业。[①] 商业作为第三产业的重要组成部分获得持续快速发展。1992年随着社会主义市场经济体制的确定,中国零售业逐步对外开放。全国第一家中外合资零售商业企业——上海第一八佰伴成立,开启了外资投资商业企业的新篇章。上海零售业率先实现现代化和市场化,也逐渐缩短了与国际现代零售业的距离。之后,上海零售业创新、转型和升级的脚步再也没有停止,开创了一个又一个的"第一",尤其是面对新零售的挑战,不论是上海老字号企业还是零售业新生力量,都体现着上海海派商业文化中的拼搏精神、开创精神。

---

① 张广生. 上海商业发展特点及沪港商业合作前景[J]. 沪港经济,1998(6):34-36.

第一节　上海零售的逐步市场化

一、逐渐复苏的上海零售业

上海,这座渗透着商业文化血液的城市,在新中国成立后至改革开放前的30年间历经了商业的衰退、商业从业人员的缩减、商业服务网点稀松、个体经济稚嫩、市场供给不能满足消费者需求等困境。上海大型零售商业建筑仍然只有民国时期建成的永安公司、先施公司、大新公司和新新公司旧址,只不过它们已经被上海华联商厦、上海时装商店、上海市第一百货商店和上海第一食品商店所使用。这种僵局被改革开放打破。随着改革开放,上海的发展战略转向建设以经济发展为主的"消费城市"。1984年上海打造"四街一场",即南京东/西路、淮海中路、西藏中路、四川北路、豫园商场和包括徐家汇商业中心在内的15个区级商业中心,延长零售商店的营业时间,上海再一次成为引领全国零售业发展的标杆。上海市第一百货从20世纪80年代中叶到20世纪末,连续14年蝉联"全国百货商店销售冠军",1986年商场销售总额突破5亿元,总利润3 840万元,人均利润1.45万元。

20世纪90年代后,具有开拓创新精神的上海再一次在改革浪潮中先行先试,争做吃螃蟹的第一人。随着上海土地批租试点、旧区改造、中外合资商业和股份制商业企业的建立,上海各类新式商业建筑不断涌现。从1992年至1997年,全市商业营业面积从412万平方米增加到1 006万平方米,万平方米以上大商厦从2座增加到60多座。各类连锁商业稳步发展,2007年全市连锁商业网点达到11 348家,其中,连锁超市门店2 787家,便利店4 135家,全年连锁商业销售额1 361.75亿元。① 连锁经营的业态种类百余种,引进国际知名消费品牌六百余个。全市商场店铺建筑面积为4 029万平方米,比改革开放前夕的228万平方米增长了16倍。至此,上海已经初步形成多层次的零售商业网络体系,内含十大市级商业中心、24个区域商业中心、20条商业特色街、100个居住区商业等。② 零售业态也逐渐从20世纪90年代初期的百货商

---

① 陈汤斌.上海建设国际贸易与航运中心的关联性研究[D].上海:上海社会科学院,2010.
② 方名山.人才培养是上海商业改革和发展之源——谈上海商学院的崛起[J].上海商学院学报,2008(6):1-3.

店、专业商店、综合商店等商业业态,发展为综合性较强的百货商场、超级市场、专业店、专卖店、便利店、[1]仓储式超市、邮购、自动售货机、电视直销等多种零售商业业态。

二、逐步开放的上海零售业

1985—1990年,随着市场经济的兴起和外贸体制改革的持续深入,中国零售行业的升级项目和新开项目开始注重商业建筑内部设施的现代化改扩建和引进外国品牌。上海零售业的改扩建项目也在这时有了实质性突破,如上海友谊商店完成扩建,市百十店经内部装修后改名华联商厦,市百一店在80年代末装修改造等。除内部设施的升级外,还引进了很多名牌商品,使上海商业逐渐跟上了国际商业现代化的步伐。其中与国际接轨的一个标志性事件是1990年上海第一个现代化城市综合体——波特曼上海商城的建成。该项目引进了上海第一批外资连锁品牌,如香港惠康超市、屈臣氏大药房、剧院、满汉全席酒楼以及滚石(Hard Rock)咖啡馆等20余家欧美餐饮品牌商户。

自1978年改革开放后的很长一段时间里,中国零售业始终都没有实现全面对外开放。1992年社会主义市场经济体制确定后,中国零售业才逐步开始对外开放。1992年7月国务院出台《关于商业零售领域利用外资问题的批复》,[2]批准北京等6个城市和深圳等5个经济特区试办中外合资或合作经营的商业零售企业,其中就包括上海,这为上海探索零售业的国际化、利用外资发展零售业提供了契机。东方商厦的建设就是上海在此政策后建成的,为上海零售业通过引进外资改变落后局面提供了参考。东方商厦是首家由港资参建、中方控股的第一家大型百货商厦,项目占地面积达5 900平方米,商场经营面积1.8万平方米。随后,又建成了首个中外合资零售商业企业——上海第一八佰伴,之后便一发不可收,中外合资的大型商场接踵而来,如华润时代广场、新世纪商厦、梅龙镇广场、港汇广场、恒隆广场[3]、中信泰富广场等[4]。

与此同时,一系列旨在放宽零售业对外开放程度的政策相继出台。如1999

---

[1] 柳超,刘春香. 连锁经营区域性发展的实证研究——以淮安为对象[J]. 商场现代化,2008(34):2.
[2] 杜昕然. 改革开放四十年中国消费市场发展研究[J]. 国际贸易,2018(10):29-36.
[3] 陈中浩. 我国商业对外开放的再认识[J]. 江苏商论,2004(9):3-5.
[4] 夏保良. 上海商业零售业对外开放情况及政策建议[J]. 国际商业技术,2004(4):29-31.

年 6 月《外商投资商业企业试点办法》将范围扩大到直辖市、省会城市、自治区首府、计划单列市、经济特区。① 2001 年中国加入世贸组织后,又进一步加大了外商投资商业的开放力度,利用优惠政策吸引外商投资。2004 年 12 月随着零售业 3 年过渡期的结束,零售业成为最早全面开放的行业,取消了对外商投资商业零售企业在地域、股权和数量等方面的限制,外资零售商业企业可以畅通无阻地进入中国并与内资零售商业企业竞争,规范外资并购管理被提上日程。2006 年 9 月中国商务部等六部委联合发布《关于外国投资者并购中国境内企业的规定》,明确提出要严格审查有关重点行业、驰名商标、中华老字号外资并购案,同时提出要逐步取消外资税收优惠政策,保护本土零售企业利益,营造公平的零售市场环境(图 4-1)。

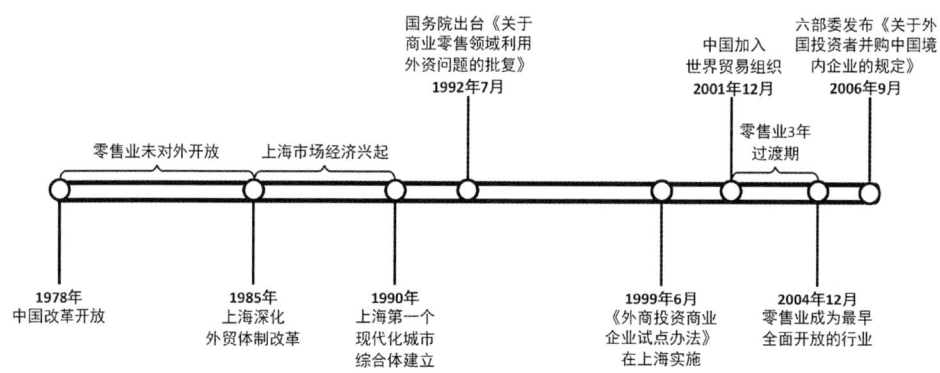

图 4-1 上海零售业对外开放时间轴

改革开放后,尤其是进入 80 年代中后期,国有经济商业实现的零售额在社会消费品零售总额中的比重虽然仍居各类经济的首位,但是已经进入下降通道,占比降至一半以下。1995 年社会消费品零售总额中个体经济零售额占比首次超过国有经济零售额占比,位居第一。到 1996 年,国有经济零售额占比同个体经济零售额占比的差距进一步拉大。如果把集体经济零售额占比考虑在内的话,1996 年全年社会消费品零售总额为 24 614 亿元,比 1995 年增长 19.4%,扣除价格因素,实际增长 12.5%。其中国有经济零售额 6 787 亿元,比 1995 年增长 9%,集体经济 4 687 亿元,比 1995 年增长 13.5%。由国有经济零售额和集体经济零售额共同构成的公

---

① 李陈华. 中国流通业的"逆向型"开放——基于历史文档的考察[J]. 北京工商大学学报(社会科学版),2014(5):29-35,43.

有经济零售额在社会消费品零售总额中的比重开始低于一半,从1978年的97.9%下降到1996年的46.6%。私营经济零售额为791亿元,比1995年增长40.6%,占社会消费品零售总额的比重为3.2%,这一占比在1978年时只有0.12%。其他经济类型零售额,包括中外合资经济零售额、外资独资经济零售额等共为12351亿元,比1995年增长27.4%,经济类型更加多元,其他经济类型零售额占社会消费品零售总额的比重也比1978年的1.1%有了质的飞跃。

同期上海社会消费品零售总额的构成基本呈现同样的特点。1978年上海国有经济零售额占社会消费品零售总额的73.01%,集体经济零售额占比26.64%,个体经济零售额占比为剩余的0.35%。2007年全市社会消费品零售总额中,国有经济零售额占社会消费品零售总额的比重降到3.87%,集体经济零售额占比为2.86%,公有经济以外的零售额占比高达93%以上,其中包括私营商业、个体商业、外商投资商业、港澳台商投资商业、股份公司商业等,形成了多种经济类型、多种流通渠道、多种经营方式并存,少环节、开放式的商品流通体系。[1]

第二节 上海老字号品牌的再创新

老字号品牌是上海购物的重要支柱与上海文化的物质承载,不仅体现着海派文化的精神,而且述说着上海城市商业文明的发展历程。《中华人民共和国国民经济和社会发展第十四个五年规划和2035年远景目标纲要》明确指出:"要畅通国内大循环,依托强大国内市场,贯通生产、分配、流通、消费各环节,形成需求牵引供给、供给创造需求的更高水平动态平衡,促进国民经济良性循环。提升供给体系适配性,深化供给侧结构性改革,提高供给适应引领创造新需求能力。开展中国品牌创建行动,保护发展中华老字号,提升自主品牌影响力和竞争力,率先在化妆品、服装、家纺、电子产品等消费品领域培育一批高端品牌。"

中华老字号拥有着悠久的历史和深厚的文化底蕴,它们是高口碑、高质量的保证,在我国商业发展中有着重要的地位。[2] 实际上,早在2006年,商务部便已

---

[1] 齐晓斋.上海消费市场改革开放三十年[J].上海百货,2008(20):6.
[2] 王军,梅冰清.老字号国产化妆品品牌形象分析——以百雀羚和谢馥春为例[J].艺术与设计(理论),2018(6):46-48.

经实施了"振兴老字号工程"。① 2008 年,商务部等 14 部委又联合印发了《关于保护和促进老字号发展的若干意见》。② 老字号品牌得到了充分的关注和重视。③ 许多老字号企业抓住时机蓄势待发。2011 年,商务部又下发了《关于进一步做好中华老字号保护与促进工作的通知》。④ 2017 年 5 月,国务院批复国家发改委《关于设立"中国品牌日"的请示》,⑤同意自 2017 年起,将每年 5 月 10 日设立为"中国品牌日",旨在树立自主品牌消费信心,发挥品牌影响力,扩大自主品牌产品消费,大力宣传知名自主品牌。⑥ 国内老字号转型发展的最大难点在于新时代下如何进行创新和宣传。面对消费群体年轻化、互联网文化盛行、产品极大丰富等市场变化,老字号在重塑品牌的过程中,都不约而同地选择了"新零售"。然而"内容为王"依旧是"新零售"时代零售企业发展的不变法则,在打造网红产品,追求流量客户时,还是要坚守品牌品质和品牌文化,防止"品牌贬值"。在探索新路径时,老字号还是要守得住文化经典,在原有文化积淀及品牌形象基础上继续延展,包括创新产品、跨界合作、网红营销等。⑦ 在产品中融入传统文化元素,深挖品牌理念、品牌标识、品牌故事、品牌符号、品牌文化等,高举象征着文化自信的国民品牌旗号。⑧

一、大白兔奶糖

大白兔奶糖的前身是 1943 年上海爱皮西糖果厂生产的"ABC 米老鼠糖",因外包装使用红色米老鼠图案而得名。历史上,大白兔奶糖经久不衰的秘诀主要有四个方面:一是品质优,价格低。大白兔奶糖使用优质原料加工生产,模仿英国牛奶糖口感,售价又相对便宜,深受消费者喜爱。二是品牌认知度高。20 世纪 50 年代,上海爱皮西糖果厂被收归国有,米老鼠图案也因其浓厚的西方文化色彩,而改为"大白兔",同时重新设计了辨识度更高的品牌标识,即"跳跃起来的白色兔子"的商标。这只活泼的白色兔子提高了品牌的认知价值,也成为大白兔奶糖长期以来

---

① 《商务部关于实施"振兴老字号工程"的通知》(商改发〔2006〕171 号)。
② 《关于保护和促进老字号发展的若干意见》(商改发〔2008〕104 号)。
③ 王焯. "老字号"商业品牌之振兴策略[J]. 人民论坛,2012(23):70-71.
④ 《商务部关于进一步做好中华老字号保护与促进工作的通知》(商贸发〔2011〕22 号)。
⑤ 《国务院关于同意设立"中国品牌日"的批复》(国函〔2017〕51 号)。
⑥ 杨楚谦. 以百雀羚品牌为例探究国产品牌的复兴之路[J]. 中国商论,2017(24):127-128.
⑦ 林文萍. 新时代文化市场视域下国民老字号的路径探析——以大白兔奶糖为例[J]. 中国市场,2020(17):50-51.
⑧ 杨玉龙. 老字号"跨界"应立足实际放眼未来[N]. 中国商报,2019-05-28(2).

的文化符号和被深刻记忆的有形载体。三是精准的营销策略。大白兔奶糖在1959年作为中华人民共和国国庆十周年献礼产品备受消费者追捧。这一阶段最主要的营销策略是将大白兔奶糖塑造成营养食品,即"七粒大白兔奶糖等于一杯牛奶"的宣传广告,满足了物资短缺时代消费者的需求。四是国家的支持。大白兔奶糖的发展离不开国家层面的支持,1972年周恩来总理在美国总统尼克松访华之际,将大白兔奶糖作为礼品相赠,为大白兔奶糖扩张海外市场提供了契机。此后,大白兔奶糖系列产品开始销往世界各国。大白兔奶糖的商标在1997年11月转让给冠生园,但是这并没有改变大白兔奶糖对文化记忆的坚守。

长期以来,大白兔奶糖始终坚持品牌文化,积淀品牌价值,在原有商标标识和奶糖口感不变的前提下,开始新的探索和尝试。2018年大白兔开始通过快手直播首次公开踏足直播带货领域,随后在淘宝直播、京东直播等平台多次亮相,为新生代客户群体带来了不一样的消费体验。在年轻消费者占绝对优势的电商渠道,大白兔取得了喜人的成绩。2019年大白兔提出"品牌年轻化战略",大白兔天猫旗舰店用户流量增加了四五倍,天猫销售额也实现了翻番,同时整个电商渠道的销售额也实现了翻番。[1]

第一,挖掘品牌IP,积累品牌文化。通过挖掘故事,赋予大白兔奶糖更多的情怀和记忆,与消费者建立情感链接。一是打造冠军IP,深挖大白兔奶糖与冠军之间的故事,建立大白兔奶糖与冠军的联系,增强奶糖的知名度和气质。例如挖掘出第二十八届雅典奥运会男子69公斤级举重冠军张国政在上海比赛期间以大白兔奶糖作为礼物追求女友的佳话。[2] 同样是第二十八届雅典奥运会女子69公斤级举重冠军刘春红常托教练买大白兔奶糖。亚洲女子撑竿跳高纪录保持者高淑英在外比赛时要常备大白兔奶糖。二是打造健康IP,以长寿老人为主线,寻找他们和大白兔奶糖之间的关联,将大白兔奶糖与长寿、健康链接在一起,以获取消费者对大白兔奶糖食品安全的认可。例如报道广州一位102岁的老人及儿女们,将老人的长寿秘诀归因于几十年来天天吃大白兔奶糖,并因此得到"兔奶奶"的称呼。北京一位老人在车祸后毫发未伤,其家人认为是因为老人常年吃的大白兔奶糖有补钙效果,使老人骨骼健康。三是打造和平幸福IP,把大白兔奶糖带来的愉悦和幸福上升到全世界儿童共享和平的高度。以伊拉克战争期间,国内某新闻社战地记者的亲身经历为线索,挖掘出他将随身携带的大白兔

---

[1] 胡懿新."大白兔"的成功秘诀[J]. 上海国资,2020(2):77-78.
[2] 平国锋. 大白兔奶糖[J]. 上海商业,2018(8):14-15.

奶糖送给当地饱受战争摧残的儿童的故事,表达了祝愿全世界儿童都可以体会到大白兔奶糖所带来的愉悦和幸福感,感受健康快乐、共享和平的美好心愿。

第二,品牌符号化,强化属地认知。为进一步塑造和传承大白兔的核心品牌价值,大白兔采取放大经典形象,实现品牌符号化的策略。一是扩大品牌形象的知名度,开发周边产品,将鲜明的产品形象包括外观和商标融入产品设计,引起消费者共鸣和对童年的回忆。例如推出大白兔搪瓷杯、大白兔帆布袋等。二是塑造"上海老字号""上海品牌""上海特产"的品牌形象,强化其作为伴手礼的功能,使大白兔成为上海的代言。如与上海市政府新闻办公室的"上海发布"合作,利用与"上海发布"的吉祥物同为兔子的优势,用大白兔作为"上海发布"的品牌形象进行推广。此外,为提高消费者对大白兔的上海属地认知,大白兔深耕产品包装,突出上海特色,如将上海地图、上海知名景点等作为大白兔伴手礼外包装图案。三是不断出新,吸引消费者眼球,给消费者提供全新体验,扩大了消费规模。面对多元的消费偏好和需求,大白兔奶糖开发出多种新口味牛奶糖,如咖啡、红糖、芥末、话梅、椰奶、榴梿、清凉等。口味的多样化已经成为大白兔奶糖的一大卖点和大白兔打造奶糖品牌的一大策略(图 4-3)。

图 4-3　大白兔部分产品展示一

第三,跨界新合作,注入新鲜活力。跨界营销就是将不同产业、行业、企业间的资源有效整合起来,根据市场上的消费诉求找准契合点,[①]形成跨领域的产业链。[②] 通

[①] 林文萍. 新时代文化市场视域下国民老字号的路径探析——以大白兔奶糖为例[J]. 中国市场, 2020(17): 50-51.

[②] 袁锦贵. 文化产业视野下老字号文化资源保护与开发的政策导向与策略[J]. 武汉理工大学学报(社会科学版), 2012(5): 681-687.

过 IP 授权或协同合作创造出新的市场价值,[①]即 A 品牌自主或联合非 A 品牌所在行业的其他品牌,根据相同或相似的消费群体以及一致的目标,相互取长补短,发挥优势,推出非 A 品牌主营业务的产品,把握消费者的心理,满足消费者的需要,最终达到"1+1>2"的目标。[②] 面对激烈的市场竞争,"老字号"的品牌文化容易僵化,市场创新能力相对落后,表现出品牌弱化与老化的特点。[③] "老字号"品牌的发展遭遇瓶颈期,并不断尝试着各种方法让自己满血复活。跨界融合的品牌创新可以刷新消费群体对老字号品牌 IP 的文化认知,通过创造怀旧感和惊喜感来刺激其文化消费的猎奇心理,延伸品牌价值链。[④] 大白兔也如此。在转型的过程中,大白兔瞄准跨界合作,主动对接消费者需求,渴望通过跨界合作,开发迎合消费者喜好的新产品,提高消费者关注度,改变消费者对"老字号"品牌的刻板印象。

(1) 大白兔与设计师的跨界合作

大白兔的跨界合作开始于 2015 年,与法国一个小众轻奢设计师品牌阿尔亚斯贝(Agnès b)合作设计生产限量版铁盒装大白兔奶糖。Agnès b 是法国一个小众轻奢品牌,其设计作品涉猎领域广泛,风格时尚简约。两个品牌的跨界合作比较成功,在国内营造了一些话题和热度,不仅提升了大白兔的品牌形象价值,Agnès b 在中国的品牌价值也得到提升。[⑤] 2019 年大白兔又与服装品牌太平鸟集团旗下"乐町"推出联名款服装,以大白兔标志的可爱形象为主,设计了大白兔秋冬少女装系列,以轻松活泼的印花,简单和纯粹的快乐理念受到消费者的欢迎(图 4-4)。

(2) 老字号之间的跨界合作

2018 年,大白兔开始与同属上海"老字号"的上海家化展开跨界合作。两个品牌有一定的相似性:一是品牌诞生时间相同,都是 1959 年;二是品牌历史地位相同,一个是新中国国产第一代奶糖,一个是新中国国产第一代护肤品;三是两个"老字号"品牌都面临新零售、新的商业模式、新的商业环境、新的竞争对手

---

① 岳文欣,刘巍,李婷. 浅析"老字号"品牌的跨界营销——以大白兔奶糖为例[J]. 纳税,2020(6):186.
② 李娜,陈玉萍. 打开脑洞 跨界营销[J]. 企业管理,2019(10):102-104.
③ 许晖,张海军,冯永春. 传承还是重塑? 本土老字号品牌活化模式与机制研究[J]. 管理世界,2018(4):146-161,188.
④ 林文萍. 新时代文化市场视域下国民老字号的路径探析——以大白兔奶糖为例[J]. 中国市场,2020(17):50-51.
⑤ 同上。

 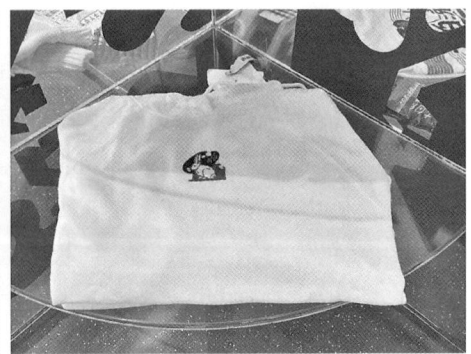

图 4-4　大白兔部分产品展示二

的挑战。相似的背景、同样的困境给大白兔与上海家化的跨界合作提供了可能。恰逢上海家化旗下的知名国货品牌美加净要推出一款唇膏,为两个"老字号"品牌的跨界合作提供了契机。大白兔与美加净联名推出"大白兔奶糖味润唇膏"(图 4-5)。这款润唇膏的外观与大白兔奶糖的包装高度相似,只是在大白兔奶糖相同的外包装上,在左上角增加了美加净的标志。这款唇膏因外观的辨识度极高,味道又近似于大白兔奶糖味,成功地用怀旧和回忆打动了消费者,再经过开售前的宣传,唇膏一经上市,首批 920 支润唇膏便被秒杀,一度出现货源短缺的局面。①

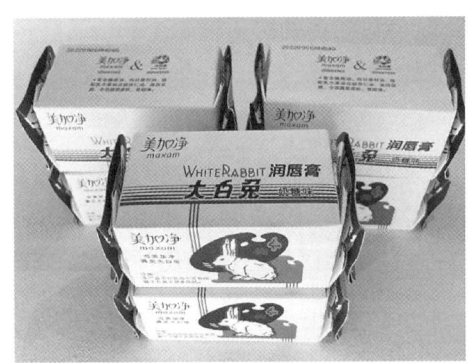 

图 4-5　大白兔部分产品展示三

要想获得跨界合作的成功并不是一件容易的事情,不仅需要跨界合作的伙

---

① 岳文欣,刘巍,李婷. 浅析"老字号"品牌的跨界营销——以大白兔奶糖为例[J]. 纳税,2020,(6):186.

伴之间在品牌价值上有着高度的认同感,而且需要有一致的利益,实现共赢。同时还要共同承担产品上市后消费者的不买单或是对两个品牌评价落差的风险。大白兔和光明乳业这个有着100多年历史渊源的牛奶公司之间的跨界合作堪称神来之笔,直接将"七颗大白兔等于一杯牛奶"的广告词变成了现实,契合了消费者的回忆,也引起了消费者的好奇心。

（3）大白兔与潮品的跨界合作

大白兔和潮流品牌合作推出跨界产品,力求使"国民老品牌"时尚化、年轻化、潮流化。大白兔联合气味图书馆以"来点孩子气""童年的味道"为主题,推出了香水、护手霜、沐浴露、身体乳、香薰等香氛系列产品,受到了广大年轻消费者的追捧（图4-6）。大白兔又与号称"最贵气的巧克力",比利时皇室御用的巧克力品牌歌帝梵（GODIVA）联名推出全新大白兔冰品系列和礼盒,大白兔的品牌价值和形象大幅提升。

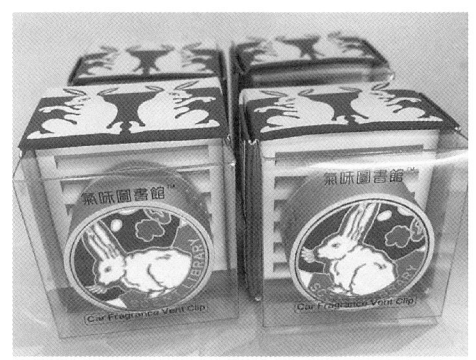

图4-6 大白兔部分产品展示四

二、百雀羚化妆品

百雀羚创立于1931年,是当时名媛贵妇护肤的首选,上海百雀羚日用化学有限公司是国内为数不多的历史如此悠久的著名化妆品厂商。[①] 在百雀羚跨世纪的发展中,其优质的品牌形象已经深入消费者心中,该品牌荣获"中国驰名商标""上海著名商标"等称号。[②] 但是,这个曾叱咤风云的中国老字号化妆品品牌

---

① 李芳仪. 对"百雀羚"促销创新研究[J]. 商场现代化,2019（22）：60-61.
② 刘春雷,王燕霞. 老国货化妆品的包装设计原则刍议——以百雀羚为例[J]. 设计,2014（11）：115-116.

在改革开放后,面对国内国际化妆品行业的激烈竞争,曾一度被淹没,面临经营规模不断萎缩的困境。百雀羚优质的品牌核心价值已不能满足消费者尤其是年轻消费者更高层次的需求。2000年,上海百雀羚日用化学有限公司改制为民营企业,开启了转型之路。[①] 2013年,彭丽媛以百雀羚作为伴手礼出访坦桑尼亚,百雀羚以"国礼"的身份走上了复兴之路。百雀羚开始给老品牌注入新内涵,尝试新的产品布局和营销策划。

1. 注入品牌新内涵

产品是品牌的客观载体,品牌是产品的核心价值。百雀羚为品牌注入了"东方美""东方匠韵""天然无刺激""高端国际化""年轻态"的新内涵。

一是在产品的设计理念中融入"东方美"的美学理念和"东方匠韵"的工匠精神,将弘扬"东方美"与"老字号"巧妙地连接。又借着彭丽媛将百雀羚以国礼相赠予外宾的东风,给百雀羚品牌的"老字号"品牌注入了新的"国礼"内涵,并且把"支持国货"的标签与"百雀羚"紧密地联系在一起,迅速吸引了广大消费者和媒体的关注。百雀羚又联手国际高级珠宝设计出品了限量礼盒"燕来百宝奁",将传统东方"发簪"美学文化和故宫文化完美地融合起来,彰显了东方美的品牌基因。在2017年天猫"双十一"之际创造了35秒售罄首批"燕来百宝奁"限量礼盒的销售成绩。

二是以天然草本重新定位百雀羚品牌。面对与外资品牌的竞争,百雀羚抓住国产品牌的天然优势,利用博大精深的传统中医药学,从《本草纲目》《神农本草经》等中医经典论著中寻找中华传统护肤方法,与现代化妆品制造技术相结合,以中草药、纯植物、天然不刺激作为其品牌文化的精髓,塑造了百雀羚"草本护肤""天然安全"的鲜明个性主张,打造了百雀羚天然护肤品牌形象。

三是注入民族品牌形象,体现民族企业的责任和担当。宣扬爱护自然、保护自然、人与自然和谐相处的绿色发展理念,[②]传承草本文化,弘扬民间艺术,传递正能量。如关爱老人健康、关注艾滋病人群、推动大学生防艾抗艾的意识等。2012年百雀羚还启动了"东方之美·琥珀计划",将从中华北纬30°的七个省份采集的珍贵草本,与这七个省份内杰出民间艺术家及作品联合起来,共同打造

---

① 张晓骏,谷俊.百雀羚涅槃[J].日用化学品科学,2013(3):36-39,43.
② 李艳芳,罗子明.论国产化妆品的品牌文化塑造与创新——以百雀羚品牌为例[J].生产力研究,2016(5):147-149.

"草本护肤·绝版艺术"的纪念产品,演绎东方之美等。①

四是百雀羚邀请明星为产品代言,力求依靠明星的国际化形象和知名度塑造百雀羚"高端化""国际化"的品牌定位和顾客群定位。百雀羚以冠名商的形式参与受年轻人追捧的综艺选秀节目,如湖南卫视的《快乐女声》、江苏卫视的《非诚勿扰》、浙江卫视的《中国好声音》,②让老品牌回归青春活力状态,重塑了品牌形象,受到80后、90后年轻消费群体的追捧。

2. 采用多元的价格策略和产品策略

对产品需求细分的追求是近年来化妆品消费市场的一个趋势。产品需求细分包括品牌、价格、品类、品种、功能、功效以及消费习惯、客户定位等。对产品的深度细分是精准获得客户和产生消费黏性的方式之一。

为了寻求与外资品牌竞争时的一席之地,百雀羚针对不同购买力的人群,采用多元的价格策略,不断丰富产品系列,推出高、中、低不同价格区间的产品,在巩固原有传统产品细分的同时布局中高端市场,满足不同消费群体的需求。保留售价在4~20元的经典老产品如护手霜、凤凰甘油一号等的同时,发布面向中高端市场售价在100~200元的新产品,如草本系列、三生花、气韵、海之谜、小确幸、小幸韵等。这种针对不同的消费目标群体,设计不同的产品价格梯度,可以基本囊括所有消费者的需求。成功抢占了国产化妆品的市场份额。自2015年起,百雀羚在天猫"双十一"个人护理热销排行榜上便占据了一席之地,并连续五年荣获国货"美妆品类"排名第一的成绩。2020年天猫"双十一"销量排名前20位的个人护理品牌中,百雀羚也是入围的为数不多的国产品牌。

为了实现多元的产品策略,除了推出定位不同的系列产品外,百雀羚还不定期地推出融入流行元素和网红元素的限量套装,博得特定人群的好评和认可,快速提高销量。如针对二次元爱好者推出洛天依限量产品,包括面膜、护手霜、唇膏、香水、身体乳、素颜霜等,外包装以动漫人物洛天依为主题元素,设计风格潮流时尚,受动漫爱好者追捧。利用明星粉丝效应,推出高端产品臻颜淡纹系列礼盒限量王一博同款定制礼盒,内容比较全面,包括水、乳、霜、精华、眼霜,定位为高端产品,价格区间在2 000~2 500元。让老字号也紧跟年轻时尚潮流,塑造了

---

① 李艳芳,罗子明. 论国产化妆品的品牌文化塑造与创新——以百雀羚品牌为例[J]. 生产力研究,2016(5):147-149.

② 王菁. 从符号学角度解读时尚文化与传播现象——以"百雀羚"护肤品为例[J]. 新闻研究导刊,2015(15):199.

百雀羚老品牌年轻化的品牌形象。除此之外,百雀羚也紧跟潮流,融入东方美元素和时下流行的故宫文创元素的限量礼盒套装,包括与故宫文化珠宝首席设计顾问钟华的特别合作款"雀鸟缠枝美什件"限量版彩妆三件套(内含口红、气垫BB霜、眉笔),定价在1 500元左右,还有定价均在200元左右的绿水青山丹鸾国风礼盒、提拉紧致面膜精华限量版联名套盒(内含面膜、精华油)和悦颜礼盒合作款限量版故宫订制款套装(内含水能量致采气垫BB霜和面膜)。这些限量版产品满足了不同人群对东方美的追求。

3. 采用线上线下结合的销售策略

化妆品的销售渠道有很多种,例如CS渠道、①百货渠道、KA渠道、②专业线渠道、③直销渠道、电视购物、传统电商、社交电商等。百雀羚集合线上线下建立多元的全渠道销售策略,并根据产品的定位采取不同的销售渠道。如专注于CS渠道、KA渠道的百雀羚草本、三生花,专注于CS渠道的海之秘、小确幸,以及采用全渠道销售的小幸韵、百雀羚男士。

线下全渠道销售以品牌专卖店、护肤专营店、百货市场、超市化妆品专柜为主渠道。为解决物流"最后一公里"问题,百雀羚依然保留了传统的店面销售,以专卖店或者专卖柜台的形式满足了村镇居民对产品的购买需求,并占据着百雀羚相当大的市场份额。百雀羚的分销方式包括批发商、零售商以及采用连锁经营模式的百雀羚加盟店。在与零售商和加盟商的合作中,百雀羚会提供全方位的服务,包括共同商定商品的陈列、货架位置以及促销定价等。

线上销售主要是利用百雀羚在天猫、京东、苏宁易购、当当等第三方销售平台的官方旗舰店以及入驻淘宝商城、卓越、聚美等第三方网络销售平台。百雀羚自2011年开始涉足电商渠道销售,就不断加大电商新媒体营销投入和宣传力度。多途径利用网络媒体,包括微博、微信公众号、第三方网络销售平台首页、官方旗舰店等发布实战销售内容的信息和购买活动。

在新媒体传播方面,百雀羚结合当下热点,创造"网红"产品,引发年轻人的

---

① CS渠道,即Cosmetic Shop,该渠道主要由化妆品专营店或连锁门店组成,为顾客提供多品牌一站式消费服务。在一、二线城市中,CS门店多以整齐划一的连锁店形式呈现。外资化妆品CS门店的代表有丝芙兰、莎莎国际、屈臣氏等,本土化妆品CS店的代表包括娇兰佳人等。

② KA渠道也叫作商超渠道,是英文Key Account的缩写,指大型卖场(如沃尔玛、家乐福、华润万家等)销售渠道。

③ 专业线渠道主要是指在美容院或理发店进行销售的美容美发专业线产品,自带神秘感,一般不为大众熟知。这个渠道相比其他化妆品流通渠道,显得更低调,只涉及某一部分人群,透明度不高。同时,消费者在消费的过程中,更多地受专业人士意见的影响。

"购买打卡"冲动。例如在电影《三生三世十里桃花》上映之际,推出三生花系列,以插画为主要表现形式,在外包装上勾勒了代表三种珍贵草本类植物的妙龄女性形象,迎合了当下年轻人的审美趣味。再如,从"朕知道了"的胶带纸开始,故宫元素的文创产品成为热点;为迎合当下年轻人对故宫文化的热爱,百雀羚推出的故宫联名套装"雀鸟缠枝美什件"就完美地演绎了文创、艺术品和化妆品的融合。随后的桃花滤镜水粉霜更是喊出了"亦妆亦养"的口号,以传统工笔画为主题的复古风格包装将产品打造成了"网红"。

第三节 上海联华超市的转型升级

上海第一家连锁超市联华超市曲阳店于1991年9月开业。2003年6月,联华超市股份有限公司(以下简称"联华超市")在香港联合交易所有限公司(以下简称"港交所")上市,是首家于港交所上市的中国零售连锁超市公司。截至2019年12月31日,联华超市及其附属公司的总门店数目已经达到3 352家(不包括联华超市联营公司经营的门店),遍布全国21个省份及直辖市,继续保持在中国快速消费品连锁零售行业的领先地位。[①] 联华超市在过去的30年间,以直接经营、加盟经营和并购的方式发展成为一家具备全国网点布局、业态最齐全的零售连锁超市公司。

联华超市恪守"顾客第一,唯一的第一"的理念,经营大型综合超市、超级市场及便利店三大主要零售业态,为满足不同消费者的不同需求,三大业态分别以"世纪联华""联华超市""华联超市""联华快客"多个品牌不断扩张。[②] 近年来,"联华超市""华联超市"和"联华快客"连续获得中国连锁经营协会特许委员会评定的"中国优秀特许品牌"。纵观联华超市的发展,按照中国零售业的竞争维度可以粗略分为三个阶段:1991年至2003年中国零售业有限制的逐步开放,联华超市因超前的经营理念迅速崛起;2004年至2010年中国零售业全面开放,受电子商务的冲击联华超市业绩下滑;2011年至今,中国零售业转型升级和新零售的出现给联华超市带来新机遇。

---

① 朱瑞庭,尹卫华. 上海市连锁商业自有品牌发展战略研究[J]. 华东经济管理,2010(2):5-8.
② 张芙蓉,方俊俏. 我看世纪联华的商品陈列[J]. 湖南工业职业技术学院学报,2008(5):42-44.

一、有限制的开放阶段（1991—2003 年）

（一）起步和快速发展

联华超市的前身是联华商业。1991 年 5 月 22 日，上海市人民政府财贸办公室批准由上海市内外联合贸易公司在上海成立联华商业，注册资本为 1 200 万元。同年 9 月，首家超级市场联华超市上海曲阳店开业，在中国零售业开放的大背景下，拉开了上海连锁商业的发展序幕。

1992 年 7 月，国务院出台《关于商业零售领域利用外资问题的批复》，[1]允许在北京、上海、天津、广州、大连、青岛 6 个城市和深圳、珠海、汕头、厦门、海南 5 个经济特区各试办 1~2 个中外合资或合作经营的商业零售企业，[2]并且限定外商投资商业企业的经营范围只能是百货零售业务、进出口商品业务，不得经营商业批发业务，这意味着中国零售行业面向外资逐步开放。1995 年 6 月中国允许有限度地吸引外商投资，各大国际超市巨头开始相继进入中国市场，国务院公布《指导外商投资方向暂行规定》和《外商投资产业指导目录》，将商业零售列入"限制外商投资产业目录"的乙类目录，允许有限度地吸引外商投资，但是不允许外商独资。[3]自此为国际超市巨头进入中国市场打开了政策大门。1995 年到 1999 年国际超市巨头蜂拥进入中国市场，1995 年 12 月 5 日家乐福在中国大陆的第一家大卖场北京家乐福创益佳店正式开业，拉开了国际超市巨头进入中国市场的序幕。1996—1999 年，美国沃尔玛、德国麦德龙、荷兰万客隆、韩国易买得、泰国卜蜂莲花、法国欧尚等国际超市巨头相继进入中国市场。随着越来越多外国企业陆续打入国内市场，联华超市亦将面临更严峻的考验。面对国际超市巨头接连进入中国市场，联华超市在联营合作、业态细化、股权融资、门店扩张、物流配送、信息化、电子商务等方面展开一系列积极举措。

2001 年中国加入 WTO，在法律层面允许了对外资零售企业的正式开放，外资企业开始不断深耕中国市场，也逐渐深度融入了中国发展格局，其网点规模的扩张速度亦随之加快。在加入 WTO 之际，中国同时承诺将于 2004 年 12 月 11

---

[1] 《国务院关于商业零售领域利用外资问题的批复》（国函〔1992〕82 号）。
[2] 杜昕然. 改革开放四十年中国消费市场发展研究[J]. 国际贸易，2018（10）：29-36.
[3] 孙南申. 我国商品服务贸易的市场开放与法律调整[J]. 中国青年政治学院学报，2000（1）：60-67.

日取消对外商投资商业企业在地域、股权和数量方面限制。[①] 联华超市借中国加入WTO的东风,通过积极、不懈的努力,得到快速发展,在2003年成功以H股形式在香港联合交易所上市,共筹资6.68亿港元,成为中国首家以连锁零售为概念在香港上市的企业。据中国连锁经营协会公布的"中国快速消费品连锁企业百强排行榜"显示,2003年联华超市以营业额计连续7年成为中国最大零售连锁营办商,已经成为我国零售连锁业内领先品牌之一,具备了与国际超市巨头抗衡的实力(图4-7)。

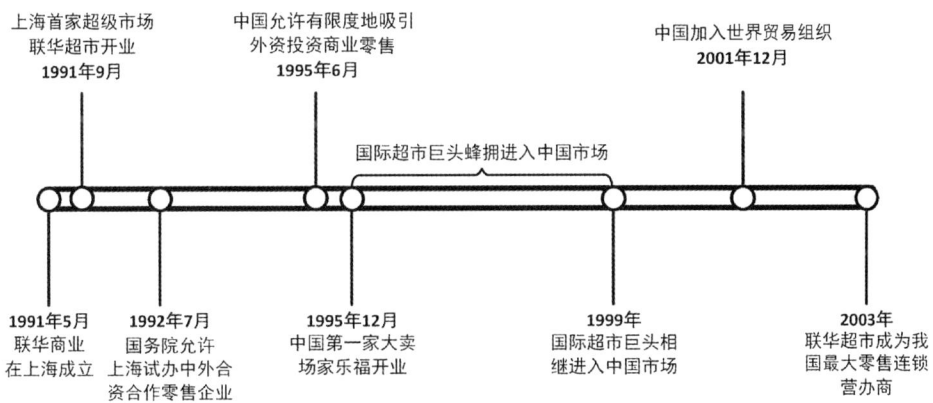

图4-7 联华超市的起步与迅速发展

(二) 联华的经营策略

1. 构建庞大的零售连锁网络

作为中国首批连锁超市营办商之一,为了保持在中国零售业的领先地位,实现扩大在中国现有市场占有率的目标,联华集团快速构建庞大的零售连锁网络,网点门店主要集中在华东、华北和华南地区。截至2003年底,门店已达2 503家(不计联营公司),其中包括24家大型综合超市、1 089家超级市场和1 390家便利店,遍布上海、浙江、江苏、北京、广州等22个省及直辖市。联华超市率先在全国完成基本网点布局。在门店扩张过程中,联华超市在原先直营店的基础上发挥资金优势,在2000年至2003年间落实拓展零售连锁网络策略,如采用收购、资本投资、建立巩固合资子公司等方式,实现了从苏浙皖地区向全国的拓展,

---

① 韦琦. 关于中国零售企业与第三方物流合作的探讨[J]. 商场现代化,2005(24):12-13.

完成了全国战略发展布局。2000年5月至2002年7月,联华超市总计收购浙江联华万家福超市有限公司92.5%股权。2002年7月至2003年1月,联华超市总计收购杭州联华华商74.5%股权。

2. 与国际超市巨头联营合作

联华超市为使自己具备实力迎接来自国际连锁店营办商的竞争,于1994年8月22日同法国家乐福订约成立中外合资经营企业上海联家,主要业务为在上海地区以家乐福服务标志从事经营及管理连锁式超市,其中联华商业占股45%,家乐福占股55%,上海联家由家乐福经营和管理。上海联家的成立,一方面对联华超市的财务业绩有正面贡献;另一方面可以帮助联华超市了解外国大型综合超市企业的业务优势、市场推广及发展策略,为迎接来自国际连锁企业的竞争做好准备。上海联家于1996年创办了上海第一家以家乐福为服务标志的大型综合超市。截至2017年底,上海联家在上海共经营30家以家乐福为服务标志的大型综合超市。

3. 消费升级下丰富零售业态

1991年第一家联华超级市场正式开业,主要针对住宅区消费者的日常生活需要,提供的商品与服务多与消费者的日常生活息息相关。1995年,联华超市率先引入生鲜产品,开创了国内连锁零售商超销售生鲜的先河。1997年,第一家联华便利店正式开业,目标顾客则是以快捷、高效、便利及24小时购物服务为主要需求的消费者。2000年9月,联华超市于上海开设首家直营大型综合超市,为消费者提供全面的"一站式"购物体验。至此,为满足消费者的不同需求,联华超市形成了大型综合超市、超级市场及便利店三大主要零售业态。

4. 高效的物流管理和配送体系

联华超市高效的物流管理对其零售连锁业务的发展起到关键作用。自成立后其就特别重视供应链的建设和管理。联华超市先后建立了四个经特别设计的物流配送中心。1995年,联华超市在上海成立首个大型配送中心,即江杨路配送中心;1999年,联华超市投资1.25亿元建立第二个大型配送中心,即曹杨路配送中心;2001年,联华超市投资2.33亿元兴建集合生鲜产品加工为一体的配送中心。2002年,联华超市投资约5380万元设立便利店配送中心,向上海及邻近地区全线快客便利店配送各种产品(不包括乳制品、生鲜产品、报纸杂志及香烟)。各类型配送中心配备高效的电子信息系统,提升商品采购、店铺配送、存货管理以及定价策略的效率和准确度。高效的存货物流管理系统,不单是满足消费者需求的关键,也是改善本集团整体表现的重要条件。

5. 有效的管理架构和信息系统

联华超市在发展中摸索出一套能够集中控制和发展各个业务领域的管理架构。2003年底,集团的经营业务由十五个部门管理,各部门具有独特而明确的职能与权责,分别为企业策划部、网点发展管理总部、商品管理总部、大型超市营运管理总部、超级市场营运管理总部、便利店营运管理总部、电子商务营运管理总部及营运稽查部等,这种管理架构有助于集团做出适时有效的决策和实施。此外,联华超市拥有一支在中国零售业方面有丰富经验及专业知识的强大管理队伍。多年来,联华超市管理层积累了大量的行业经验,对国内各地区消费者购物喜好、消费模式了如指掌。综合信息管理系统也是集团高效运营的保障。综合信息管理系统能够协助存货补充和控制、配送、销售、财务管理和人力资源管理。全线联华网点均配备与综合信息管理系统相连的计算机终端系统,保持全线联华网点存货在合理有效的水平。

二、全面对外开放阶段(2004—2011年)

随着中国2001年11月10日正式加入WTO,经历三年过渡期,中国零售业在2004年12月11日起开始全面对外放开,取消对外商投资商业企业在地域、股权和数量方面限制。[①] 2003年开始,中国国内生产总值(GDP)连续5年以两位数的速度保持增长,呈现出"高增长,低通胀,高效益"的特点,由此带来了中国居民消费能力的持续提升。全球50家最大的零售商中的绝大部分已进入中国,他们在中国的扩张步伐已从导入期转向了大规模布点的快速扩张期。基于对中国零售市场增长前景的良好预期,更多外资连锁零售企业通过在华并购的方式,直接进入中国零售市场或者进一步扩大在中国零售市场份额,国内零售竞争形势日趋激烈。这一时期中国零售业竞争也更加集中于中外强势公司之间。面对日益扩大的市场和日益激烈的竞争,联华超市开始加快开设新店、利用兼并、重组手段实现了规模扩张和跨地区发展。

---

① 彭磊. 外资商业企业在华直接投资分析与本土商业企业竞争力研究[J]. 财贸经济,2009(1):94-101.

（一） 战略调整

2004年，根据市场的变化，联华超市及时修订本集团的战略规划：根据竞争形势和市场格局的变化，审时度势地对《联华超市2010年战略规划》进行了修订。战略规划的修订体现出"四个转变"为指导思想（图4-8），具体如下。

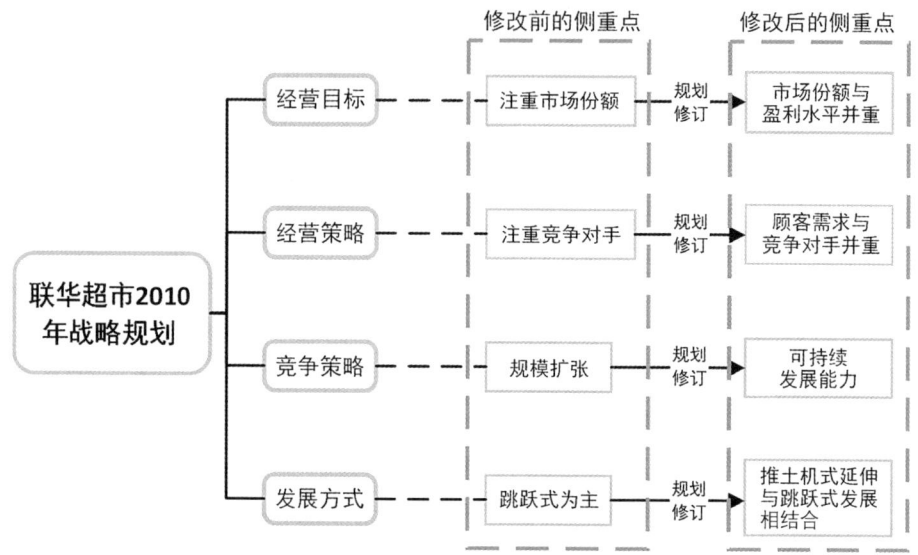

图4-8　联华超市"四个转变"前后的战略对比

（1）经营目标从重点关注市场份额转向关注市场份额与盈利水平并重；

（2）经营策略从重点关注竞争对手转向关注顾客需求与竞争对手并重；

（3）竞争策略从重点关注规模扩张转向关注可持续发展能力；

（4）发展方式从跳跃式为主转行推土机式延伸与跳跃式发展相结合。

根据修订后的《联华超市2010年战略规划》，联华超市的战略期将分成战略提升期和可持续快速发展期。

（1）2003年至2005年是战略提升期，这一阶段，联华超市的主要任务是专注于组织架构、业务流程优化、业态转型和核心竞争力的打造，目的是培育联华超市的可持续发展能力。

（2）2006年至2010年是持续的快速发展期，在这一时期联华超市凭借战略提升期积蓄和培育的扩张能力，以快于行业平均增长水平的速度健康、快速地发展。2004年联华超市实现营业收入108.6亿元人民币，首次突破100亿元。2004年到2010年，联华超市业绩持续增长，据中国连锁经营协会公布的"中国快速消费品连锁企业百强排行榜"显示,截至2009年,联华超市的营业额已连续13年位居中国连锁零售企业榜首,毋庸置疑的成为国内领先的零售连锁企业(表4-1)。

表4-1 联华超市业绩的主要指标

项目		年份							
		2003	2004	2005	2006	2007	2008	2009	2010
收入	绝对值/亿元	92.8	108.6	143.1	164.4	180.9	232.5	240.2	259.1
	同比增幅	59.5%	16.9%	31.9%	14.9%	10.0%	28.6%	3.3%	7.9%
排行		1	1	1	1	1	1	1	2
归母净利润	绝对值/亿元	1.6	2.16	2.4	2.4	2.7	4.1	5.1	6.2
	同比增幅	29.3%	31.7%	11.2%	0.8%	11.1%	53.7%	22.9%	22.8%

注:"排行"数据采用中国连锁经营协会公布的"中国快速消费品连锁企业百强排行榜"。归母净利润指归属于母公司所有者的净利润。

数据来源:联华超市(00980.HK)2003—2010年报。

(二) 策略选择

1. 通过股市进行融资

联华超市市场扩张需要有充足的资金支持,除了良好的业绩支撑外,联华作为上市公司,通过股市进行融资。2004年10月4日在联交所以每股作价8.8港元,顺利配售3 450万股新股予投资者,所得款项净额为2.93亿港元。本公司配售所得款项净额主要用于以下几个方面。

(1) 约人民币1亿元用于拓展中国主要城市的大型综合超市及超级市场门店;

(2) 约人民币3 000万元用于拓展便利店网络及提升本集团的信息管理及物流系统。

2. 快速拓展网点

在全面对外开放阶段,中国零售市场行业格局发生了深刻变化,本土大型零售集团和外资零售企业更加频繁地运用重组、并购等手段争夺市场空间,行业集中度得到进一步加强。2004年开始,联华超市进一步加快收购合并的步伐,加强已进入区域网点的集中度,从而取得区域性规模优势。通过股权增资、股权受让和资产购买等方式,先后完成收购沈阳大连友嘉购物有限公司旗下的2家大型综合超市,杭州解百集团下属的1家大型综合超市和4家超级市场,浙江临安1家大型综合超市和6家超级市场,河北石家庄万利福5家大型综合超市,无锡中百超市旗下的14家超级市场网点,广西佳用商贸股份有限公司的77家网点(包括8家大卖场、69家标准超市,通过此次收购,联华超市迅速成为广西当地最大的连锁零售企业)。2005年10月,联华超市及其非全资附属公司杭州联华华商集团有限公司(以下简称"联华华商")分别收购上实商业、上海友谊、上海立鼎在世纪联华的80%股权。收购完成后,联华超市及其非全资附属公司杭州联华华商共同持有世纪联华100%的股权。新增大型综合超市31家。2006年8月21日,联华超市与上海实业联合集团商务网络发展有限公司(以下简称"上海实业商务网络")订立了股权转让协议,联华超市出资人民币2690万元收购了由上海实业商务网络持有的上海世纪联华超市发展有限公司(以下简称"世纪联华")22.21%的股权。上述股权转让协议完成后,联华超市及联华超市的非全资附属公司杭州联华华商分别持有世纪联华约77.91%及22.09%的股权。2009年6月,联华超市收购华联超市全部股权。华联超市门店主要位于华东地区,收购华联超市后,联华超市于上海及长江三角洲区域的超级市场业态的市场占有率的增加愈加显著。同时,作为这一区域最主要的超级市场业态加盟品牌,联华和华联的合并使联华超市在规模优势、资源共享等方面获得了较大的协同效应,为联华超市加盟业务的发展搭建了更好的平台。截至2010年12月31日,集团门店已达5 172家(不计联营公司),其中包括143家大型综合超市、3 014家超级市场和2015家便利店,三大业态经营管理能力成熟,遍布19个省及直辖市(表4-2,图4-9)。

表4-2 联华超市门店数量

项目	年份						
	2004	2005	2006	2007	2008	2009	2010
网点数/家	3 123	3 609	3 716	3 722	3 872	4 930	5 172
增量/家	620	486	107	6	150	1 058	242
增速/%	24.8	15.6	3.0	0.2	4.0	27.3	4.9

数据来源:联华超市(00980.HK)2004—2010年报。

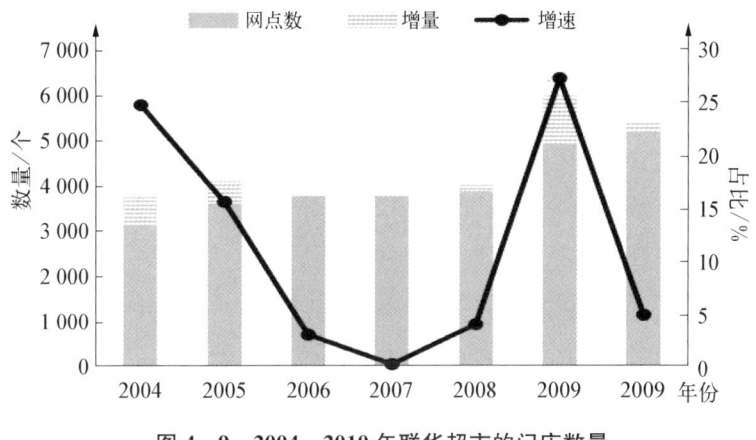

图 4-9　2004—2010 年联华超市的门店数量

三、新零售下的转型升级（2011 年至今）

2011 年后中国电商强势崛起，向零售业不断渗透，中国居民的消费习惯随之发生改变，再加上消费的不断升级，传统线下零售业态已经无法完全满足居民的消费需求，包括联华超市在内的传统线下中外超市连锁巨头相继出现业绩下滑和门店缩减。中国零售业面临转型升级的挑战。2016 年后随着新零售模式的出现，线上与线下加速融合，新零售成为传统零售业转型升级的新方向。面对电商巨头的夹击和新零售模式的强烈冲击，联华超市开始通过内部变革与外部合作的方式全面落实"全渠道"战略。

（一）传统零售业面临的困境

在新零售时代，传统零售业无法满足消费者消费方式和习惯的快速变化。传统百货商场、购物中心、超级市场、专业卖场等实体零售主体的业绩都出现不同程度的下滑，甚至出现大规模理性关店、主动关店的情况。以联华超市为代表的传统线下零售模式已经跟不上逐渐提升的消费需求。

2011 年联华超市全年营业额约为 275.2 亿元，同比增长 6.23%，归母净利润约为 6.27 亿元，同比增长 0.69%，归母净利润增速大幅下滑，相比上年下降约 22 个百分点。2012 年开始，联华超市业绩开始呈下滑态势。2012 年联华超市全年营业额为 289.9 亿元，同比增长约为 5.3%，净利润约为 3.4 亿元，同比下降 45.8%。2013 年公司全年实现营业额 303.83 亿元，同比增长 4.8%，而净利润却大跌至 5 295 万元。

2014年联华超市全年实现营业收入约为291.5亿元,首次出现负增长,而净利润更是下跌到了3 103万元。2015—2019年,联华超市持续5年亏损:2015年亏损约4.97亿元,2016年亏损约4.50亿元,2017年亏损约2.83亿元,2018年亏损约2.19亿元,2019年亏损约3.78亿元,5年累计亏损约18.3亿元。在中国连锁经营协会发布"中国快速消费品连锁百强"榜单中,联华超市从2010年开始滑落至第2名,2012年持续滑落至第3名,2013—2016年持续滑落至第4名,2017年更是滑落至第8名,2018年上升至第6名,2019年继续上升至第5名(表4-3)。

随着业绩的下滑,联华超市从2011年起开始主动缩减门店。截至2011年底联华超市门店总计5 150个,比2010年缩减22个,截至2019年底联华超市门店总计3 352个,比2010年缩减1 820个(表4-4)。

表4-3 联华超市主要经营指标

项 目	年 份									
	2010	2011	2012	2013	2014	2015	2016	2017	2018	2019
收入/亿元	259.1	275.2	289.9	303.8	291.5	272.2	266.7	252.2	253.9	258.6
同比/%	7.86	6.23	5.33	4.82	−4.05	−6.62	−2.04	−5.40	0.65	1.85
排 名	2	2	3	4	4	4	4	8	6	5
归母净利润/百万元	6.22	6.27	3.40	0.53	0.31	−4.97	−4.50	−2.83	−2.19	−3.78
同比/%	22.81	0.69	−45.76	−84.42	−41.40	−1 701.49	−9.46	−37.16	−22.65	72.96

数据来源:联华超市(00980.HK)2010—2019年报。

表4-4 联华超市网店门店数量的变化

项 目	年 份								
	2011	2012	2013	2014	2015	2016	2017	2018	2019
网点总计/个	5 150	4 698	4 530	4 291	3 883	3 618	3 421	3 371	3 352
增量/个	−22	−452	−168	−239	−408	−265	−197	−50	−19
增速/%	−0.4	−8.8	−3.6	−5.3	−9.5	−6.8	−5.4	−1.5	−0.6

数据来源:联华超市(00980.HK)2011—2019年报。

这一时期业绩下滑不只是联华超市特有的问题,而是线下传统超市遭遇的普遍问题。联华超市的联营方——上海联家在上海经营的家乐福大卖场的应占利润也出现了下滑,说明上海的家乐福大卖场也遇到了像联华超市一样的问题。2000年以前进入中国的国际超市巨头也因为业绩下滑出现被并购的情况。2015年起因业绩问题,华润万家开始陆续将原有乐购门店出售给物美。2017年,乐天玛特在华的99家商场中,因被调查而停业或是主动关闭的商场共87家,损失达12亿人民币。易买得在华业务也不断缩水,从2011年门店数量达到峰值26家,到2017年仅存6家,再到2018年全面退出中国市场,不过短短的7年。英国乐购因在华业绩不佳,于2014年将135家门店交付本土零售巨头华润万家,造就了中国零售业最大的并购案。2019年9月26日苏宁易购成功收购家乐福中国80%股权,这也成为中国零售业转型升级的里程碑事件。

(二) 电商的崛起和消费升级

传统零售业的困境来自电商的崛起和消费升级。2010年后电商的迅猛兴起给全球实体零售业带来强烈冲击,传统线下超市行业也未能幸免。网购相比传统线下实体零售业态拥有更加便利的购物方式和更加丰富的商品种类,打破了商品销售的地理、时间、价格、品牌限制。因为线上零售压缩了中间渠道、节省了实体店面等成本,使得网购商品价格较传统线下零售更具竞争力。无论是传统电商巨头淘宝、天猫、京东,还是电商新秀拼多多,通过线上渠道的经营抢夺了很大一部分零售的销售份额。从艾瑞网统计的数据来看,中国电子商务市场交易规模已从2011年的6.4万亿元增加到2018年的24.2万亿元。

2019年,我国实物商品网上零售额85 239亿元,增长19.5%,增速较上年放缓5.9个百分点,占社会消费品零售额的比重达到20.7%,较上年提高2.3个百分点,对消费品市场增长的贡献率为45.6%,较上年扩大0.4个百分点。[①] 尽管2015年以来网购增速呈放缓趋势,但它们对我国零售业的推动作用愈发明显,居民网上购物越发普遍。

中国商业联合会和中华全国商业信息中心联合发布2019年度"中国零售百强名单"。进入百强的零售企业中有5家电商,进入百强电商前10的有4家电商,天猫排名第一、京东排名第二、拼多多排名第三、唯品会排名第十。5家电商销售规模达到5.8万亿元,同比增长23.9%,占百强整体销售的比重为67.8%,

---

① 李殿禹. 2020中国零售业发展报告[M]. 北京:中国统计出版社. 2020:9.

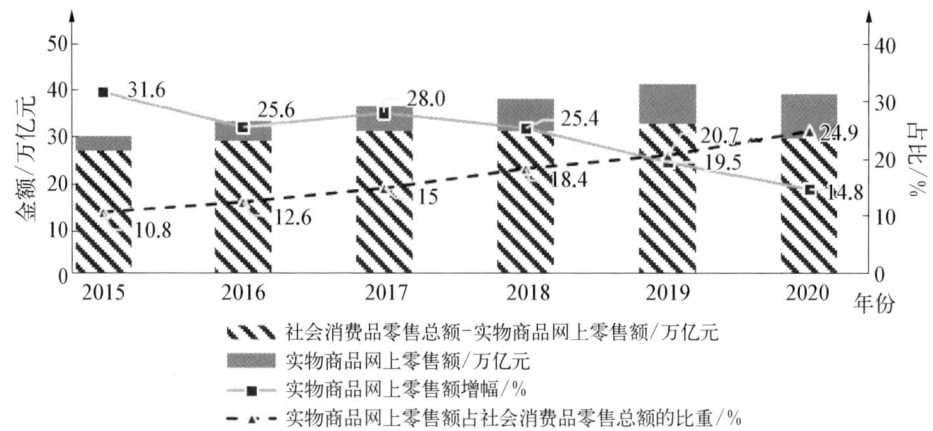

图 4-10 2011—2020 年中国实物商品网上零售额变化情况

注:"社会消费品零售总额-实物商品网上零售额"是社会消费品零售总额中除去实物商品网上零售额的剩余部分。

较上年提高 3.1 个百分点。5 家电商对百强零售企业整体销售增长的贡献率为 88.5%,较上年提高 2.3 个百分点。5 家电商销售额占整个网上零售额的比重也从 2014 年的 38% 上升至 2019 年的 54.9%,上升了 16.9 个百分点。[①]

一方面,全国物流仓储体系逐渐成熟,电商对线上产品的质量监管愈发严厉,整个线上渠道正越来越成熟地帮助生产商与消费者建立紧密的联系。电商崛起对线下零售份额的蚕食给传统卖场带来了巨大的经营压力。

2016 年,在线上流量见底和技术进步的背景下,线上互联网巨头开始布局线下网点,掀起了新零售浪潮。以盒马鲜生为代表的创新型超市涌现出来,线上线下结合的商业模式颠覆了传统的大卖场模式。在店面布局方面,一改传统固定动线为自由动线并增加餐饮业态,提升顾客逗留时间,增强顾客自由体验感。在商品选择方面,增加生鲜商品的销售比例,通过高频消费吸引顾客,抵御电商冲击。

另一方面,由于消费升级,消费者对消费体验和服务有更高的追求。从生存型消费向享受型、发展型消费升级,消费者更加注重品牌、品质、服务、享受、个性化以及精神体验等。2010 年以来,我国 GDP 增速逐步放缓,经济引擎开始由投资拉动向消费拉动的模式转变。与此同时,我国居民消费增长率、人均可支配收入逐步提升,带来的消费需求提升以及消费能力的提升使得消费者在购买商品时,更加考虑品牌因素、购物的便捷性以及产品本身环保性等问题,而非以往由价格的敏感性驱动消费。在消费结构上,也发生着从商品到服务上的转变,在此

---

① 李殿禹. 2020 中国零售业发展报告[M]. 北京:中国统计出版社. 2020:82.

背景下,以性价比、便捷、一站式购物著称的超级市场、大卖场等传统线下零售对消费者的吸引力开始逐步下降(图4-11,图4-12,图4-13)。

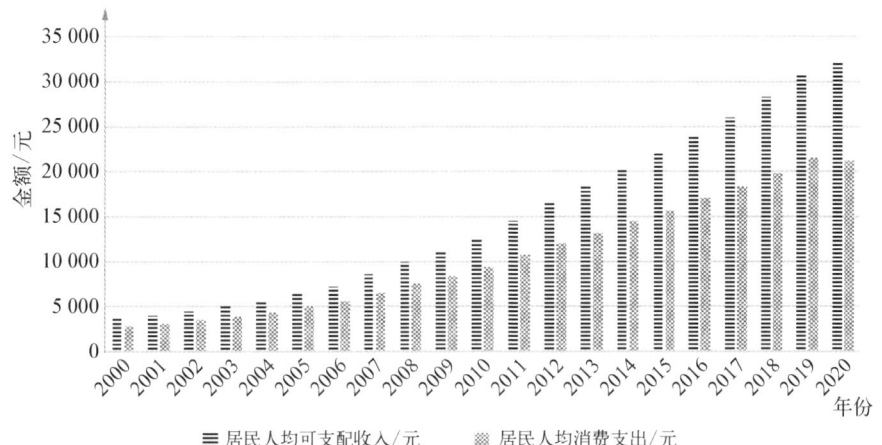

图4-11　2000—2020年中国居民人均消费支出、居民人均可支配收入的变化情况

数据来源:国家统计局。

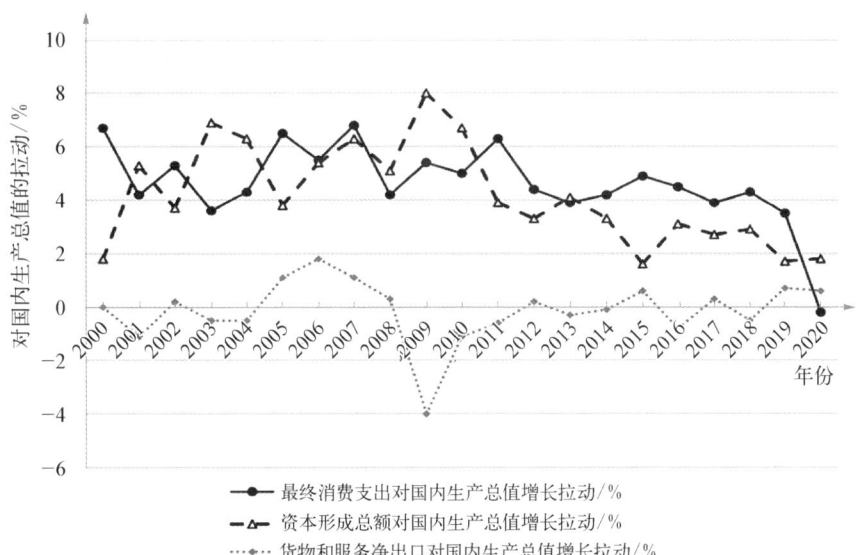

图4-12　2000—2020年最终消费支出、资本形成总额、货物和服务净出口对国内生产总值增长拉动

数据来源:国家统计局。

注:拉动指国内生产总值增长速度与三大需求贡献率的乘积。三大需求指支出法国内生产总值的三大构成项目,即最终消费支出、资本形成总额、货物和服务净出口。

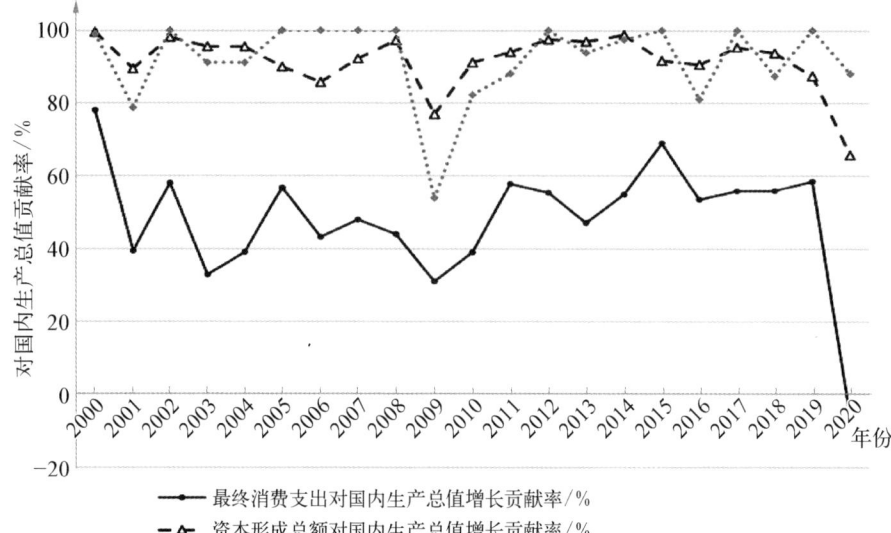

图4-13 2000—2020年最终消费支出、资本形成总额、货物和
服务净出口对国内生产总值增长贡献率

数据来源：国家统计局。

注：贡献率指三大需求增量与支出法国内生产总值增量之比。

（三）全渠道战略和战略股东

经过战略调整，2018年，联华超市实现营业额约为人民币253.89亿元，同比上升约0.6%，为近五年来的首次正增长。经营盈利约为人民币0.69亿元。归属本公司股东年度亏损约为人民币2.19亿元，同比减亏约人民币0.64亿元，减亏率约为22.6%，营业额一改过去五年的下跌态势，重回正增长轨道。

1. 全渠道战略

（1）"在线+线下"一体化

2011年归母净利润增速大幅下滑，联华超市积极尝试发展新业态。2011年12月"联华易购"（www.lhmart.com）购物网站成功上线，采取"在线+线下"相结合的运营模式，利用实体门店网络资源优势，提供送货上门和门店自提两种选择，满足了新兴网购一族的不同需求。

2013年，联华超市一体化购物网站"联华易购"完成了各类系统功能的开发和补充，完善营运流程，并在此基础上不断调整与补充在线商品品类，提供更多的会员增值服务，稳步推进线上会员数量的积累以及线上线下互动的频次和质量。2014年,联华超市依托百联集团有限公司(以下简称"百联集团")创建商务电子化平台的战略契机,积极展开部署,成立了商务电子化领导小组和工作小组,设立了商务电子管理部,为落实全渠道战略、构建全渠道零售模式提供了组织保障。2014年,联华超市一体化电子商务网站"联华易购"稳步发展,依托实体网点优势积极试点"网订店取"。联华超市依托百联集团商务电子化的整体战略,抓住机遇积极尝试互联网技术,融入互联网经济,充分利用现有门店资源和会员资源,发挥支付优势和多业态协同优势,致力于打造一个以用户体验为导向、线上线下无缝对接的具有本集团特色的全渠道模式,从而切实提升联华超市实体门店的竞争优势。2014年,联华超市在营销上积极"触网",开启精准高效的营销模式。除传统的营销活动外,联华超市各业态加大了在新媒体新渠道的投入,提供更多的互动性体验活动,搭建微信营销、支付宝支付营销和团购网平台,通过运用移动互联网的跨界合作,吸引和聚拢在线客群。2014年9月,联华电子商务有限公司(以下简称"联华电商")与生鲜采购总部及三大业态合作的"蔬菜随心订"业务在联华易购上线。"蔬菜随心订"采取了在线下单、线下提货的全新模式。这是联华电商在企业改革的大背景下,为探索适合商务电子化的价值链转型的一次尝试,同时也是联华电商与实体门店在销售上的交互与补充。

2015年10月,联华快客菜鸟驿站项目在上海地区的380家直营门店上线运行,为网购消费者提供快递包裹网订店取服务。2016年,联华超市继续实施全渠道战略,大力发展"到家"、网订店取和商对客电子商务模式(B2C),目前上海地区已有超过500家门店实现线上线下结合的经营模式(O2O)运行,实现销售过亿元。2016年5月,公司全渠道全面上线运营,联华快客首家电子商务1.0店铺中虹店正式营业。2018年,联华超市推动"到家"业务运营升级,全面完成集约化履单门店的极速达配送导入,实现全门店履单向集约化履单转轨。强化前后端运营,深化各项配套功能建设,调整民生类商品及结构,拓展"到家"业务的外部资源,加速实现全渠道模型的创新与定型。2019年,联华在线"到家"的销售额连续两年实现100%增长。

(2) 探索业态创新和转型

2017年,联华超市积极推进传统零售业的创新发展,探索业态创新转型之路。为了更好地迎合消费升级趋势和满足年轻消费群体的需求,联华超市积极促进业态升级和迭代。在超级市场业态创新方面,2017年5月,联华华商全新消费业态门店 Green & Health 在杭州国大城市广场盛大开业,该店是联华精品超市业态探索中的一个全新试点。Green & Health 围绕零售本质，以售卖健康、优质的食材和包装产品，向顾客传递精致生活理念；同时，充分利用现有商品资源和新引进供货商资源，现制现售，探索生鲜商品从生到熟的转变，逐渐形成了生鲜商品更加完善的经营价值链，集市效益开始显现。在大型综合超市业态创新方面，联华超市以垂直多元化的方式不断丰富超市商品种类，提供从田头到餐桌的一站式服务，实现线下零售业态的 O2O 转型。

2017 年 8 月，联华华商全新消费业态"鲸选未来店"在杭州开业迎客，经营面积 2 万平方米，定位为"融合黑科技、美食娱乐、次世代购物，面向 90 后客群"的一站式消费新零售实体店。该店以专业店思维对商品结构、商品质量、卖场服务等要素进行升级。在品类经营方面，以集成馆的形式进行了有价值的探索；在功能组合方面，打造"超市＋餐饮＋社交"的新零售模式，以堂食聚客，以创建新生活方式为主题，吸引年轻客群，客群结构得到优化。在经营模式方面，同步上线联华鲸选 APP，实现订单急速达，从而满足顾客一站式消费需求。

2018 年，联华超市依据不同的功能定位对超级市场业态进行品类改造。2018 年 12 月，联华大型综合超市业态 3.0 全食市集样板店——世纪联华 PLUS（青浦店）开业，致力于打造融合影院、幼教、健身、餐饮、休闲、服务等复合业态的社区邻里中心，引入堂食餐饮、中点、熟食、烘焙、咖啡、其他轻食以及鲜榨果汁和现切水果；同时，设置头部仓、自提点和数据采集运用设备，提升门店数字化水平，带来全新购物体验。世纪联华 PLUS 上海首店青浦店自试点以来，持续推进探索"轻餐饮＋百货＋生活服务类＋休闲健身娱乐＋幼教"模式，极大优化到店客群的年龄层次。"联华生活鲜"门店，集合新零售新消费元素，以高频生鲜和亲民服务为亮点，打造温馨生活化邻家驿站，以全渠道模式做深社区，精准满足社区日常所需，提供现代菜场解决方案。

2019 年 6 月上海联华超级市场发展有限公司（以下简称"联华标超"）社区生鲜样板店北园店转型开业。通过与数字化技术的进一步融合，有效利用云端数据，更精准地为目标顾客服务。2019 年 11 月，联华超市的超级市场业态第一家"超市＋餐饮加工＋原材料体验"店"吾安食集"在上海地区开业。联华超市积极打磨料理超市模式，深化"餐超联动"，发展自有品牌，并与已有供应链相互赋能。2019 年 12 月，围绕"社区生活中心与生活烟火之地"，大型综合超市 2.0 门店开设印悦里—杭州运河购物广场首店，基于会员属地化，打造"新消费＋新生活服务＋新商业平台"，成功完成从"传统大卖场"到"社区商业中心"的转型升级。这次升级是联华华商新零售抢占社区商业中心"最后一公里"的一次实践，着力打造社区商业中心概念店的新模式。2018年、2019年社区生鲜超市网点数增加近200家，是联华超市连续两年增长的主要推动。联华完成了超过100家社区生鲜超市的转型升级，通过落地品牌焕新体系，提升生鲜占比增加来客数，优化品类，固化品类组合，优化动线与布局，实现转型门店连续两年两位数增长。

2. 引入战略股东

2015年4月17日，联华超市顺利引进战略投资者，永辉超市成为第二大股东（约占该公司21.17%的股权），[1]这是联华超市在国资国企改革中迈出的关键一步。通过股权多元化及改组董事会，联华超市从高层架构上进一步理顺了关系，法人治理结构得到完善。同时，永辉超市与联华超市合力打造供应链，延伸产业链，提升价值链，充分挖掘市场潜力，全面推进本集团的转型升级。双方本着"平等互利，资源共享，优势互补"的原则，在供应链整合、运营管理等方面展开诸多合作。在供应链整合方面，引进生鲜新品种，拓展新品类，优化商品组合，肉类、水产、蔬菜、南北杂货等品类结构得到改善，销售得到提升。在运营管理方面，推进门店生鲜运营管理水平提升，改善顾客购物体验，使得客流明显增加。

联华超市积极与主要股东永辉超市密切合作，借助永辉超市强大的生鲜供应链，扩大生鲜商品源产地采购，丰富生鲜产品种类，降低采购成本。此外，联华超市还连同永辉超市和武汉中百构建采购平台，利用联合采购的规模优势，充分发挥实体网络优势，在自有品牌、工业品、进口商品、品牌供应商等方面共享资源、深入合作，[2]实现连锁经营的规模效益。

2017年2月20日，阿里巴巴集团与百联集团（联华超市母公司）在上海达成战略合作，[3]合作内容基于大数据和互联网技术，主要包含全业态融合创新、新零售技术研发、高效供应链整合、会员系统互通、支付金融互联、物流体系协同等六个领域。

---

[1] 后于2016年12月23日，联华超市原股东永辉超市股份有限公司（永辉超市）与上海易果电子商务有限公司（上海易果）订立股权转让合同，永辉超市悉数将其持有的联华超市股份出让给上海易果。
[2] 邱瑶. 国企混改背景下第二大股东参与公司治理路径和效果研究[D]. 杭州：杭州电子科技大学，2019.
[3] 2017年5月26日，上海易果电子商务有限公司（上海易果）与阿里巴巴（中国）网络技术有限公司（阿里巴巴）订立股份转让协议，同意向阿里巴巴出让其所持本公司20 152.8万股内资股股份；百联集团有限公司（百联集团）订立股份转让协议，同意向百联集团出让其所持本公司2 239.2万股内资股股份。2018年6月22日上海易果与百联集团订立股份转让协议，上海易果同意向百联集团出让其持有的本公司1 310.94万股内资股股份。至此，上海易果不再持有本公司股份。

2019年联华超市年报指出,联华超市将秉承"立足长三角,发展全中国,通过高效整合供应链,提供全品类优质商品,是具有当地精神的全渠道生活零售商"的商业策略方向,在"以好商品、好体验构建人情好生活"的品牌使命的指引下,积极进行门店转型迭代升级,通过"多业态、全场景、数字化、新零售"的布局,提升零售运行效率,打造全场景新零售;试点创新业态,励精图治寻找新增长点的同时依然坚守"诚信可靠、人情分享、生活灵感、合家欢享"的品牌特质,让消费者更喜爱联华品牌。

第四节 盒马鲜生的新零售样板

2011年,网购这种新鲜事物开始流行,在线购物作为新兴业态发展迅速。与此同时,线下零售业却因经营成本高、业内竞争激烈、利润低等多重因素的冲击以及在线购物对线下消费的挤压,发展面临困境,进入瓶颈期。线上零售经历了数年因网民数量骤增带来的快速发展红利期后,随着网民规模增长速度的减慢,红利期也逐渐结束,传统电商的发展速度放缓,竞争愈加激烈。尤其是进入2016年,传统电商主动寻求转型和突破,希望通过创新吸引消费,满足不断变化的消费者需求。近年来,网络零售愈发成熟,网络零售额占社会零售总额比例逐年扩大,但增速明显放缓,线上获客成本增加,线上零售红利衰减。相比之下,线下获客成本基本保持不变,线下零售价值凸显,网络零售开始关注线下渠道价值。2016年11月,为推动我国实体零售业适应新常态、增强发展动力、实现创新转型发展,国务院办公厅发布《关于推动实体零售创新转型的意见》,[①]从调整商业结构、创新发展方式等方面做出战略部署,其实质是促进线下线上紧密结合,为新零售的发展指明了方向。[②]

一、新零售平台

在零售行业向新零售行业的变革中,数据和技术是重要的驱动力。云计算和物联网等技术提供廉价可用的硬件基础,大数据和人工智能等技术提供可靠高效的软件基础,[③]两者共同促使零售行业商业形态的变化。2015年6月在上海

[①] 《国务院办公厅关于推动实体零售创新转型的意见》(国办发〔2016〕78号)。
[②] 前瞻产业研究院.2018中国新零售研究报告。
[③] 夏春强.论新零售时代集邮业务的转型升级策略[J].邮政研究,2018(5):25-27.

成立的上海盒马网络科技有限公司（以下简称"盒马"）通过数据驱动，将线上、线下与现代物流技术完全融合，[①]为消费者打造社区化的一站式新零售体验中心。2016年1月，盒马首店——盒马鲜生上海金桥店开业；2016年3月，阿里巴巴投资盒马1.5亿美元，顺理成章地成为阿里巴巴集团旗下开拓新零售领域的"第一样本"。2016年10月，在杭州云栖大会开幕式上首次提出新零售概念，[②]认为"纯电子商务"已是传统，纯电商时代将很快结束，未来将是新零售时代，即线上、线下和现代物流的结合业态。在盒马第一家门店开业后的一年里，阿里巴巴自营的盒马鲜生门店发展为12家，2017年盒马开启沪外拓展，先后落地宁波、北京、深圳、杭州、贵阳、苏州等。截至2017年12月31日，阿里巴巴自营的盒马鲜生门店有25家。

中国商业联合会和中华全国商业信息中心联合发布"中国零售百强名单"，盒马在2018年以140亿元销售额排名第55名，2019年以400亿元销售额排名第20位。2020年盒马在北京和上海两个区域的门店已经实现全面盈利，其中线上占比超过75%。截至2020年底，盒马在全国自营盒马门店246家，已经进入生鲜电商行业第一梯队，其发展模式也成为新零售行业的标杆。

2018年至2020年，盒马以上海为基础，聚焦一线城市及周边经济发达城市，上海、北京一直是盒马鲜生的主战场，这两个城市的盒马门店数量位居全国第一、第二。同时盒马也积极拓展省会城市及沿海二线城市，截至2020年12月31日，阿里巴巴自营246家盒马鲜生门店。

二、经营模式

盒马依托实体店，采用"线上电商＋线下门店"的经营模式。其中又进一步将线下门店的功能扩展为合"生鲜超市＋餐饮体验＋线上业务仓储"三大功能为一体。[③] 其创新性体现在四个方面：一是生鲜超市零售与餐饮的结合。所购生鲜可在餐饮区直接加工，增加消费者在店停留时间，提升单一生鲜转化率和生鲜的附加值，扩大线下客流量。二是电商业务共享了线下门店仓储配送体系，减小了仓储成本。[④] 线上订单通过门店的自动化物流体系，即时匹配门店和客户，实

[①] 中国政务舆情全媒体监测[J]. 领导决策信息，2017，（9）：24-26.
[②] 吴昊天，张亚男，张国庆，刘佳玲. 新零售标准化与差异化运营模式比较[J]. 经济论坛，2019（1）：148-152.
[③] 范鹏. OAO模式如何颠覆传统零售[J]. 时代经贸，2017（8）：29-30.
[④] 康兴涛. 生鲜超市运营模式研究[J]. 管理观察，2017（14）：26-27.

现更高效的配送。三是通过电子标签技术保证线上与线下同品同价,每件商品都有电子标签,可通过APP扫码获取商品信息并在线上下单,无须在线下设计复杂动线。① 运用自动化合流区技术提升店内分拣效率,保证顾客通过APP下单后5千米内30分钟送达。四是通过盒马APP将支付宝作为唯一付款方式,为盒马鲜生创造了掌握线下消费数据以及线下向线上引流的机会。一方面通过盒马APP或支付宝结账,利用大数据掌握消费偏好、交易行为;另一方面创造全渠道营销机会,利用APP线上买单的便利与会员专属优惠,引导到店顾客下载盒马APP,完成会员注册,打造全渠道的消费体验(表4-5)。

表4-5 盒马鲜生线上、线下业务内容

项目	线上业务:"餐饮外卖和生鲜配送"		线下业务:"生鲜超市和餐饮体验"
途径	盒马APP		在盒马鲜生超市内引入餐饮区域
内容	盒马外卖:餐饮外卖,目标客户是城市白领阶层;定位是专业外卖服务,不提供堂食	盒马鲜生:生鲜配送,基于门店发货,线上订单配送范围为体验店周围5千米内,配送时间为8:30—21:00	一方面,为顾客提供了就餐方便,延长了顾客在店停留时间,增强顾客黏性和体验;另一方面,餐饮的高毛利率可以改善盒马鲜生零售的盈利结构

三、经营策略

(一)业态多元化

盒马除了快速拓张成熟度较高的标准盒马鲜生门店以外,也在不断进行对其他门店类型的探索。不同类型的门店配以不同的业务模式,尽可能地扩大消费群体的覆盖面,提升服务效率,提高盒马在生鲜电商的市场占有率。截至2020年底,盒马推出的业态已有10余种,包括盒马鲜生、盒小马(原名盒马Pick'n go)、盒马菜市、盒马F2、机器人主题餐厅、盒马mini、盒马云超、盒马跨境Go、盒马烘焙、盒马里、盒马X会员店、盒马小站。业态多元化和门店类型多样化的战略已经成功把盒马从一、二线城市的盒马鲜生,带到了三、四线城市的盒马mini等。盒马不断根据消费水平和规模、商圈特性、消费人群的特点、场景等选择或是创造不同的业态模式来精准满足消费者的多样化需求,构建着新的商业体系(表4-6)。

---

① 颜艳春.十大新零售案例:零售到底发生了哪些变化[J].时代经贸,2017(23):62-66.

表 4-6 盒马鲜生各业态及其定位和特点

序号	业态	首店时间	定位和特点
1	盒马鲜生	2016年1月 上海	是盒马鲜生的主力形态。集中在城市核心商圈（CBD）。面积主要集中在4 000~6 000平方米
2	盒马F2	2017年12月 上海	具有便利店性质。首店在上海北外滩。集中在Office商圈，主打办公场景。以现吃现做现点的海鲜餐饮为特色，面积主要集中在800平方米业态
3	盒马机器人主题餐厅	2018年2月 上海	机器人元素餐饮业态，启用自助化设备，通过智能送餐的系统（AGV）送餐，减少人工提升效率
4	盒马云超	2018年4月 北京	定位快消品电商，库存保有单位（SKU）达2万，配送时效延长为次日达。在订单量集约到一定数量时，再启动仓库作业降低配送成本
5	盒马菜市	2019年3月 上海	集中在城市社区、郊区。在定位上，盒马菜市是以面销为核心的菜场形式电商。盒马菜市没有餐饮区。在商品上，增设了非包装食品，商品价格相对于盒马鲜生来说更为亲民
6	盒马mini	2019年5月 上海	集中在郊区、镇、县。面积为500~1 000平方米，一般经营约3 000个品类，延续其线上线下一体化模式，将配送范围缩短为1.5千米
7	盒小马	2019年7月 上海	定位销售早餐相关产品，消费者使用盒马APP下单，到就近自提货柜提货
8	盒马里	2019年11月 深圳	面向社区的数字化购物中心，基于门店周边3千米人群生活所需，提供商品与服务。用户可以到店或在线下单，无缝衔接，以首家"盒马里·岁宝"为例，其拥有4万平方米的营业面积，内含超市、服饰百货、手机家电等商品，以及家政维修、儿童娱乐、早教娱乐、餐饮、健身等体验式服务，涵盖零售、餐饮、生活服务和亲子等业态
9	盒马鲜生天猫旗舰店	2020年4月	盒马鲜生天猫旗舰店是2020年盒马的重要生态布局之一。布局社区团购，提前培育用户，利于日后下沉。主营全球时令生鲜蔬果，以及盒马牌、盒马工坊等品牌商品，全国范围内最快次日达。盒马进驻天猫开网店，可以跳出"盒区房"，快速触达全国淘宝、天猫7亿用户

(续 表)

序号	业态	首店时间	定位和特点
10	盒马X会员店	2020年10月上海	中国首个本土的会员制仓储型超市品牌,门店面积达1.8万平方米,是盒马所有业态中除了深圳盒马里以外,面积最大的单店。开业之初,盒马X会员店SKU约为1 500个,其中超过40%的商品来自盒马自有品牌,20%的商品是盒马自有品牌"盒马MAX"
11	盒马跨境Go	2020年12月上海	是盒马将新零售与跨境电商跨界融合的一次全新探索。该项目运用互联网、大数据及人工智能技术,整合天猫全球采购、菜鸟全球供应链及盒马线上线下融合运营的综合能力,为国内消费者购买跨境进口商品提供了新的商业场景
12	盒马烘焙	2020年12月上海	定位烘焙+饮品,与盒马鲜生的烘焙相比,性价比更高
13	盒马集市(原盒马优选)	2020年9月武汉	社区团购平台,采用的是"预售+自提"服务模式,消费者在里面可以享受到优质低价的日用商品一站式购齐服务,用户也可以加入其中当团长赚佣金。2020年12月更名为盒马集市
14	盒马小站	2018—2019年上海	城区内的网络覆盖和补充,有对盒马鲜生空白区域的填充作用。前置仓业务,2020年3月起全部升级为盒马mini

(二) 减少渠道费

流通理论学者久保村隆佑教授认为:"一个零售商如果不开发自己的品牌[①],就不能算是真正地进行连锁经营。"[②]欧美发达国家自有品牌的发展比较成熟,聚焦食品行业,并逐步扩大到日用品甚至保健品。北美自有品牌的市场占有率为18%,欧洲为30%~40%,日本高达50%。相比而言,中国自有品牌相对落后,2017年,自有品牌商品市场占有率仅为1%,以日用品等标品为主。对于零售商而言,一方面经营非自有品牌的成本不断增加,另一方面毛利又非常低。而自有品牌去掉了中间流通部分,自负盈亏,能够做好品控,拥有自主的定价权,且省去了营销和渠道费用,能够直接提升零售商的毛利。

---

① 自有品牌(Private Brand),又称零售商品牌,是指卖场、超市、百货公司等零售商冠以自有品牌标签,并仅在自有商超连锁门店销售的商品。
② 孙春艳.自有品牌:连锁零售的终极争霸战[J].经营者,2007(10):52-54.

盒马自2017年就开始从品牌效应较弱的生鲜类商品入手,推动自有品牌建设,相继推出生鲜自有品牌"日日鲜""帝皇鲜""盒马工坊""蓝标""金标""黑标"等。其中盒马工坊是盒马自有品牌中目前发展最为成熟、体量最大的子品牌。盒马工坊主打鲜食,包括熟食、半成品、面点、时令点心。2020年盒马工坊占盒马全部自有品牌销售量的40%,单月销售额已突破1亿元。[①] 2020年,盒马推出2万多款新品中6 000多款是盒马开发的自有品牌商品数,新品开发周期在6个月左右,迭代速度比行业快3~4倍。2020年底,盒马自有品牌占比接近20%,较2019年翻了一倍。

除了大力发展自有品牌外,盒马针对不同单品采用不同模式加强供应链体系建设,如与知名厂商深度合作开发独家联名款标品、从生鲜类产品产地,如农村合作社、协会、合作商等直购、利用阿里巴巴平台,包机从产地直达盒马等(表4-7)。

表4-7 盒马个别单品的采购方式

项目	单品	采购方式
标品	食用油	与多力合作开发小包装(900毫升)联名产品
	熟食	与正大食品合作开发定制小包装产品,贴近小型家庭需求,如蒸饺由30只改为5只装
标品	纽仕兰鲜奶	海外直购,与纽仕兰新云合作,3天内直达盒马
	日日鲜鲜牛奶	与恒天然安佳合作,推出"盒马-安佳"日日鲜鲜牛奶
	可乐	与可口可乐合作,汇集所有口味可乐
生鲜	藕带	从武汉农业合作社直采精品藕带
	波士顿龙虾	与天猫统一采购,包机从加拿大直采
	挪威三文鱼	与挪威海产局合作,直采
	阿拉斯加帝王蟹	通过买手海外直采
	潜江小龙虾	在湖北包地养殖,国内直采
	上海本地蔬菜	从崇明、奉贤等地蔬菜基地直采

---

① 招商证券研究报告[N]. 电商报,2020-07-16.

(续　表)

项目	单　　品	采　购　方　式
生鲜	美国西北樱桃"雪妮"	联合天猫、美国西北樱桃协会、东方航空,从美国直采
	梭子蟹	包船出海捕捞

(三) 效率的提升

盒马对自己的定义是以数据和技术驱动的新零售平台。盒马建立线上线下结合的 O2O 模式,运用大数据、人工智能等技术打破传统零售行业人货场的物理空间,实现了线上与线下运营的完整闭环。利用电子标签实现对生鲜价格的及时调整,确保线上线下价格统一。[1] 大数据、云计算、智能操作系统等技术手段的运用,极大地提高了线下门店的场景化体验水平,满足了消费者对于吃、喝、玩、乐的一体化需求。冷链技术的运用和数字化驱动的供应链体系,保证了商品的安全性和丰富性。

利用盒马 APP 单一结账方式,建立统一的客户管理体系,降低了单独设立会员管理中心的成本,并提高了管理会员的效率,同时也打通了线上线下客户数据搜集的渠道,实现对客户需求的深度挖掘,进行精细化运营和数字化管理。通过与阿里平台数据的协同和共享以及盒马鲜生大数据、人工智能等新技术的研发和应用,盒马鲜生采用线上线下结合的同步发展路径,充分利用互联网大数据技术和模型,通过分析消费者习惯、消费偏好等行为模式,高效、迅速地刻画消费者画像,根据消费需求精准推送和策划优惠活动。依托线上线下销售情况的大数据,及时、灵活调整门店商品库存及陈列,实现精准营销。[2] 智能操作、智能结账、自动化配送等系统的开发和运用,又极大地降低了成本,提高了门店的运营效率,提升了客户体验感和留存率。

开创"前店后仓"新模式,实现物流快速配送。盒马将"前店后仓"的新模式引入零售业,将超市的一部分空间让渡给仓储,通过分布式仓储代替传统的集中式仓储,在短距离的配送范围内可以将生鲜由传统的冷凝配送改为常温配送,降低企业配送成本。此外,盒马建立了自动分拣系统及仓配售一体系统,即在店内设置约 300 平方米的合流区,建立接单、分拣、配货、出货的自动化物流体系,实

---

[1] 邓雅帅. 盒马鲜生运营模式对新零售的启示[J]. 合作经济与科技,2021(14):90 - 91.
[2] 同上.

现全程不超过10分钟,增强了盒马的快速配送能力。①

第五节 拼多多的新型商业模式

拼多多是上海寻梦信息技术有限公司(以下简称"上海寻梦")旗下的主要销售平台,成立于2014年。拼多多以独创的社交拼团为核心模式,以"好货不贵"为运营理念,为消费者提供经补贴折扣后的低价大牌商品、原产地农产品、工厂产品和新品牌商品等。其中,拼多多独创发起的百亿元补贴创造了中国电商行业在活动规模和持续时长方面的新纪录。② 拼多多新电商模式所释放的潜力为拉动中国内需、推动广大区域的消费升级作出巨大贡献。平台商品已覆盖快消、3C、家电、生鲜、家居、家装等多个品类③,满足消费者日益多元化的需求。

一、迅速崛起

2015年至2019年,在中国商业联合会、中华全国商业信息中心联合发布的"中国零售百强名单"中,天猫、京东分别蝉联第一、第二。其中2018年、2019年,拼多多连续两年在中国商业联合会和中华全国商业信息中心联合发布的"中国零售百强名单"中名列第三④,销售规模仅次于天猫和京东,形成与天猫、京东三足鼎立的格局。而拼多多从2015年9月上线到2018年打破天猫和京东的两极格局,只用了三年时间(表4-8,图4-14)。

表4-8 拼多多用户规模增长情况

时　间	增　长　情　况
2015年9月	拼多多公众号正式上线,拼多多以拼单模式迅速覆盖全品类商品,上线两周粉丝数突破百万人
2016年1月18日	拼多多单日成交额突破1 000万元,上线四个半月,付费用户突破1 000万人

---

① 招商证券研究报告。
② 拼多多官方网站。
③ 周明婧. 拼多多商业模式与价值创造研究[D]. 武汉:中南财经政法大学,2019.
④ 王春娟. 数字经济背景下北京零售品牌发展研究[J]. 时代经贸,2020(29):89-93.

(续 表)

时 间	增 长 情 况
2016年9月	拼多多用户量突破1亿人,单月GMV超过1亿元,问鼎iOS App Store免费排行榜第一
2016年11月	拼多多日均订单量破200万单,11月11日单日GMV超过2亿元
2017年9月	拼多多成立两周年,用户数达2亿人
2018年6月	拼多多用户数突破3亿人
2019年2月6日	拼多多更新后的招股书显示,拼多多年度活跃买家为4.185亿人,较2017年同期的2.448亿人激增1.737亿人。2018年四季度,拼多多移动客户端月度活跃用户数达2.73亿人,较2017年同期的1.41亿人增长1.32亿人,接近翻倍
2019年11月20日	拼多多2019年三季度财报显示,拼多多年度活跃买家数为5.363亿人,活跃买家进入"5亿"时代
2020年5月22日	拼多多2020年一季度财报显示,拼多多年度活跃买家数已达6.281亿人,稳步开启"6亿"新篇章
2020年11月12日	拼多多2020年三季度财报显示,拼多多活跃买家数突破"7亿",达到7.313亿人

注：GMV（Gross Merchandise Volume）,指成交总额（一定时间段内）,即拍下订单金额,包含付款订单金额和未付款订单金额。

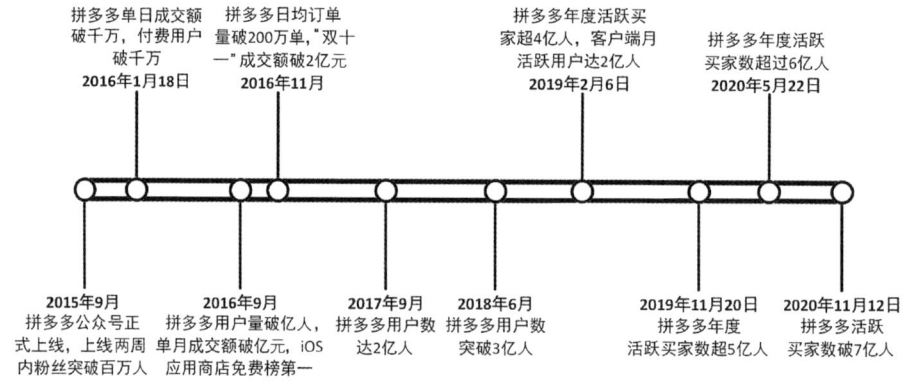

图4-14 拼多多用户增长规模时间轴

拼多多商业模式得到资本的青睐,根据公司公告,拼多多在天使轮就已经得到顺丰快递王卫、网易丁磊、欧珀（OPPO）段永平和淘宝创始人孙彤宇的投资。随后A轮高榕资本、IDG China加入,融资额达到800万美元;B、C轮腾讯和红杉资本入局;首次公开募股（IPO）前最后一轮腾讯、红杉资本和高榕资本投资13.7亿美元。2018年7月,拼多多于美东时间2018年7月26日在纳斯达克挂牌上市,以19美元/ADS[ADS(American Depositary Share)指美国存托股票。一般而言,美国本土企业上市是直接发行股票,外国企业在美国上市是发行存托凭证。我国大多数在美国上市的企业都是以ADS的形式在纳斯达克上市。可具体规定发行ADR代表的基础股票的数量,如"每股ADS相等于六股普通股"。]发行8 500万ADS,融资18.7亿美元。2018年8月31日拼多多(PDD)公布上市后首份财报,2018年二季度营收同比增长2 489%。2020年3月11日,拼多多(PDD)2019年四季度及全年财报显示,2019年全年GMV达人民币10 066亿元,踏上"万亿"新台阶(图4-15)。

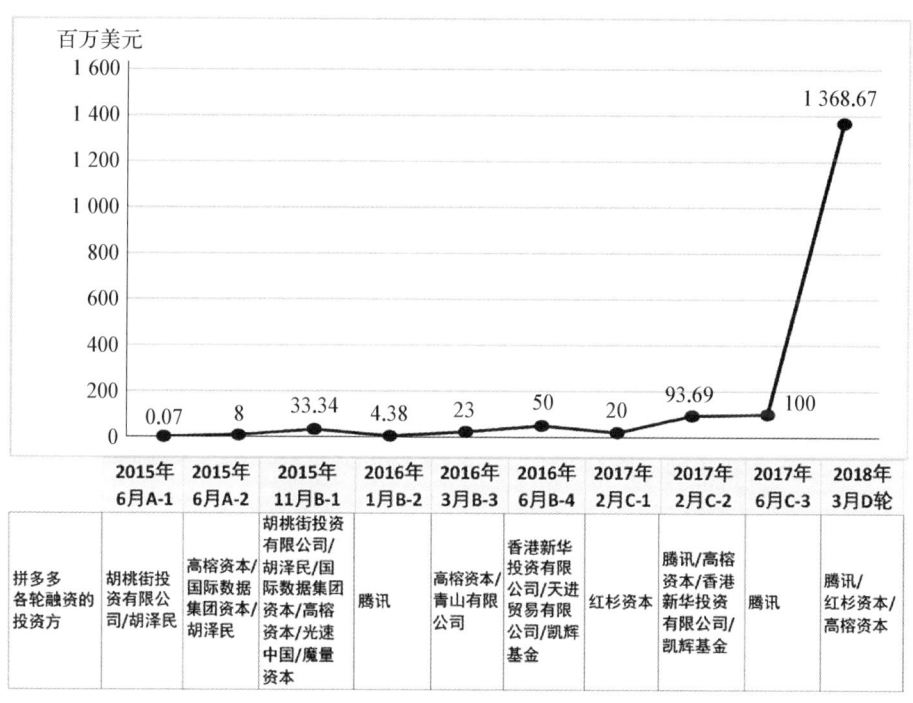

图4-15 拼多多各轮融资额和投资方情况

二、崛起逻辑

拼多多在格局基本已定的电商行业杀出一条流量裂变之路。在移动流量红利逐渐消失、阿里和京东在电商领域垄断流量之时,拼多多2015年9月正式开通微信公众号,利用"拼单"的社交电商模式吸引客流,抢占市场份额,成为电商行业近年来的一匹黑马,拼多多的崛起主要得益于以下三个方面。

(一) 降低获客成本

依靠微信切入"电商边缘人群",避开流量争夺的核心战场,大大降低获客成本。在中国,淘宝天猫的月活跃用户在7亿人左右,这些是较成熟的电商用户,兵家必争;而微信的月活跃用户超过10亿人,其中覆盖了三四亿平时不用淘宝的拼多多潜在顾客。腾讯2016年首次投资拼多多,成为拼多多的第二大股东。腾讯的加盟在微信支付和分享流量方面都为拼多多提供了得天独厚的支持。拼多多依靠微信平台以及自身的性价比定位,以社交化的形式成功触达并激活了下沉市场的"电商边缘人群"。2017—2018年,得益于微信的流量支持,拼多多APP通过外部链接跳转进入的流量占比在50%以上,同期京东在30%左右,而淘宝、天猫仅为15%。

拼多多从两个方面压缩成本,一是通过用户直连制造(C2M)模式极致压缩了传统供应链成本,大大降低了产品销售价格。基于拼多多平台大数据,研究分析消费者偏好与需求,与厂商合作进行定制化生产,让利于供需两端,让"低价高质"商品成为平台主流,用低价和高性价比吸引消费者对拼多多平台的好感和依赖,增加顾客黏性。二是采用去中心化的流量分发机制,维持整个生态持续健康均衡的发展,避免流量聚集在少数商家,降低传统电商的流量成本。

(二) 精准差别客户

拼多多在天猫及京东通过消费升级扩大高端消费品品类时,以低准入门槛和高流量扶持,吸引了大量天猫和京东的中尾部商家。2015年至2018年,天猫与京东在一、二线城市实现消费升级后,淘宝流量下滑,流量的流失带来的是入驻平台商家收益受损及盈利能力的减弱。此时,拼多多的横空出世为这部分利益受损的原淘宝中尾部商家提供了一个很好的流量入口。大量成熟的淘宝中小商家涌入拼多多,拼多多平台轻而易举地迎来了第一波商户的入驻,并给予这部分商家相当可观的流量支持。拼多多为吸引商家入驻,除了缴纳报名活动所需支付的保证金以及代微信、支付宝等第三方支付平台收取的0.6%交易手续费以外再无任何入驻费。开店门槛和难度远低于天猫、京东、淘宝。拼多多以众多中尾部商家与活跃用户对潜在进入行业者构筑壁垒,稳固"低价高质"的品牌定位,增加用户黏性。为避免与天猫、京东的直接竞争,拼多多以更大的折扣与更多的商品种类为卖点吸引大批中低消费水平的客户人群。

（三）提高获客价值

一是通过社交裂变,放大单次获客的价值。在流量昂贵的年代,很多垂直电商花费重金引流,很重要的一个原因是无法实现用户留存,即高昂的成本吸引来一个用户,交易一次之后就流失了。但在拼多多模式下,一个用户通过社交分享,可以吸引来更多用户,这样一次获客可能带来数倍的价值。而在社交关系的信用背书下,用户对新平台的不信任感被大幅降低,"拼单"用户在购买到质优价廉的产品后,信任度可能进一步提升,成为下次"拼单"的发起者,吸引更多用户,放大获客的"滚雪球"效应。

二是通过游戏化互动,契合下沉市场用户"价格敏感、时间不敏感"的消费特性。拼多多以"砍价"和"找便宜"作为契合用户的核心痛点,购物过程非常适合"价格敏感、时间不敏感"的下沉市场用户。除此之外,拼多多还主推各种互动活动,如养成类活动增加用户黏性和裂变（如多多果园、金猪储蓄罐、多多爱消除）；抽奖砍价类活动赋能商家,产生裂变（如一分抽大奖、大奖必中、砍价免费拿）；直接利益类活动便于直接增加新用户和裂变（如助力享免单、天天领现金）。

三、盈利模式

（一）单品运营思维

从盈利模式来看,拼多多是一家平台模式电商,和淘宝、天猫相同的是通过提供营销服务和抽取佣金获利；而不同的是底层思维。淘宝是"搜索＋推广"思维,以搜索为核心、推广为辅助,侧重于满足长尾个性化需求。而拼多多是"爆款推送"思维,即"单品运营思维＋谷歌算法"思维。与阿里巴巴、京东等传统电商平台的购物车对比,拼多多没有购物车,是单品运营思维,对单个SKU[①]的销售评价运营更加细化。这种"单品爆款"是运用谷歌算法,采用低价策略推荐商品,而这些低价商品是用户点击浏览和购买的结果,是用户选择的结果。"爆款推送"思维则更加高效地聚集用户需求,通过集合的形式反馈给商家,重塑供给模式和供给周期（表4-9）。

---

① 库存保有单位即库存进出的计量单位,可以是以件、盒、托盘等为单位。SKU是物理上不可分割的最小存货单元。在使用时要根据不同业态、不同管理模式来处理。在服装、鞋类商品中使用最多,也最普遍。

表 4-9 拼多多各业务板块和盈利模式

业务板块		盈利模式
在线市场	在线营销服务 — 搜索推广	提供关键词竞价排名,按照点击量收费
	在线营销服务 — 明星店铺	提供明星店铺推广服务,按千次展现计算付费(CPM 模式)
	在线营销服务 — 网幅(Banner)广告	提供网幅资源位店铺推广,按展现付费(CPM 模式)
	在线营销服务 — 场景推广	定位与资源位组合场景推广,按点击收费
	佣金	商家交易佣金(销售商品价格的 0.6%)
商品销售		"拼好货"在线商品直销

注:CPM(Cost Per Mille),每千人的成本。这是一种最为常见的广告模式,也是很多网站流量变现的一种途径。在网上投放广告,CPM 取决于"印象"尺度,通常理解为一个人的眼睛在一段固定的时间内注视一个广告的次数。每 CPM 的收费根据以主页的热门程度即浏览人数,划分价格等级,采取固定费率。国际惯例是每 CPM 收费从 5 美元至 200 美元不等。

资料来源:拼多多公司公告,国金证券研究所。

(二) 助力精准扶贫

拼多多积极响应党中央、国务院关于打赢扶贫攻坚战和实施乡村振兴战略的号召,扎根农业、服务农民,不断创新扶贫模式,把电商模式与精准扶贫紧密结合,打造了一条独具特色的助农扶贫之路。2020 年上海寻梦信息技术有限公司(拼多多)荣获全国脱贫攻坚奖"组织创新奖"。

拼多多以市场为导向解决农产区的产销问题,以技术为支撑打造"农货中央处理系统",[①]创新了以农户为最小单位的"山村直连小区"模式,为脱贫攻坚贡献了积极的力量。拼多多相继探索、实践"多多农园"等创新扶贫助农模式。通过对农民进行技术培训、标准化种植、农作物品种培育、打造农产品品牌等措施,有效帮助贫困地区农户增产增收。平台的"拼购"模式能够迅速裂变并聚集消费需求,实现大规模、多对多匹配,将农产品直接从田间地头送到消费者手中,为农产品规模销售提供新途径。为了高效连接"最初一公里"和"最后一公里",极致精简了农产品供应链,持续提升价值链附加值,拼多多全方位打造和培育具有网

[①] 解珂珂. 社交电商商业模式下的营销策略研究[D]. 太原:山西大学,2020.

络营销潜质的"新农人",推动了人才要素的优化配置,彻底把扶贫工作的理念从授人以鱼转变为授人以渔,赋予扶贫工作造血功能,激发了农产区的内生动力。截至2019年底,拼多多已累积带动8.6万余名"新农人"返乡,平台及"新农人"直连的农业生产者超过1 200万人。[①] 2019年,拼多多平台农(副)产品年活跃买家数高达2.4亿,农产品及农副产品订单总额达1 364亿元,是2018年的一倍,成为中国最大的农产品上行平台。2021年2月25日,在全国脱贫攻坚总结表彰大会上,上海寻梦信息技术有限公司(拼多多)获得"全国脱贫攻坚先进集体"荣誉称号。

(三) 品牌扶持计划

拼多多平台创造的"拼购"模式是一种"少SKU、高订单、短爆发"的商业模式,它不仅能够帮助生产厂商快速消化产能,还能够帮助生产厂商通过"现象级"爆款迅速赢得消费者的信任,树立品牌形象。[②] 在与中小企业共同成长的过程中,拼多多为了打造自主品牌,将包括免费流量等资源不断向生产商倾斜,大幅降低生产商的营销成本,助力和培育中国品牌的转型升级。2017年,仅在长江三角洲地区拼多多的品牌扶持就涵盖了19个产业、18万厂商,帮助他们创立自主品牌,摆脱处处受到挤压掣肘的贴牌生产代加工。2018年底,拼多多提出扶持中小微制造企业成长的"新品牌计划",计划共扶持1 000家品牌工厂。拼多多支持品牌化建设的扶持主要包括提供大数据支持、专家诊断、研发建议、流量倾斜、推荐位资源、增加商品曝光度等措施,[③]帮助品牌更高效地触达消费者,以最低成本培育品牌。通过践行"新品牌计划",拼多多用一年的时间利用C2M模式培育了近千家工厂品牌,实现了产业集群的供给侧改革。截至2019年底,参与"新品牌计划"定制研发的企业已超过900家,正式成员达106家,累积推出2 200款定制化产品,涉及家电、家纺、百货、数码等近20个品类,累积定制化产品订单量超过1.15亿单。拼多多正致力于引领平台入驻品牌走向国际,为培育中国品牌、提高中国品牌的国际认可度做出更多贡献。

[①] 王晓妍. 新电商扶贫模式探究——以拼多多为例[J]. 广东蚕业,2021(8):139-140.
[②] 付翔. 分享型电商企业价值评估[D]. 成都:电子科技大学,2020.
[③] 李志刚. 互联网电视品牌:溃败之后,如何调整?[J]. 电器,2019(1):48-49.

第五章　上海零售的未来

习近平曾指出："历史、现实、未来是相通的。历史是过去的现实，现实是未来的历史。"①以史为鉴，知古鉴今，善于运用历史眼光认识发展规律、把握前进方向。放眼历史，最重要的在于着眼现实和未来。传统零售是零售业发展的历史渊源，当我们在赞叹新零售，展望零售业的未来发展时，回望历史，以对立统一的眼光审视传统零售和在"互联网+"大背景下的新零售之间的新与旧的延续性。仅仅是近代南京路把单纯的商品消费转变为对文化的消费，在改变人们对商品消费的传统认知这一点上，对零售业的发展就有着非凡的借鉴意义。从传统零售到新零售，从第一个24小时营业的星火便利店到罗森便利店，从近代百货的明星广告到"直播带货"，变的是商业业态和商业模式，而不变的是上海零售的温暖感、烟火气与人情味。

第一节　上海零售业发展的整体情况

一、持久保持着高水平的增长速度

上海自开埠后就持续累积着商业的力量，积淀着海派商业文化的底蕴，保持着全国商业最发达城市的地位而屹立不倒。2017年上海社会消费品零售总额接近1.18万亿元。商业增加值占GDP的1/6，商业税收占税收的16%，

---

① 王小龙.人民民主专政下的不断改革引论——基于社会主义改革的时间观透视[J].中共珠海市委党校珠海市行政学院学报，2014（3）：51-56.

商业成为仅次于金融业的第二大服务业。因此,消费对上海经济的重要性不言而喻,上海提出的"四大品牌"战略中也将"上海购物"纳入其中。2018年《全力打响"上海购物"品牌 加快国际消费城市建设三年行动计划(2018—2020年)》正式发布,明确提出,到2020年,上海消费对全国的经济增长贡献率保持在60%以上,要打造2条世界级商业街、10个国内一流商圈、20个特色商业街区,打响50个具有鲜明上海特色的新品牌、50个老字号。不断提高消费贡献度、消费创新度、品牌集聚度、时尚引领度、消费满意度,增强消费体验感,把上海打造成人人向往的"购物天堂"。用事后者的眼光来看,2018年制订的三年行动计划的目标基本已经实现了。国际知名高端品牌集聚度超过90%,每年开设的首店、旗舰店数量稳居全国第一,平均每天新增2.5家首店。① 全市3万平方米以上的商业综合体超过300个,全市拥有各类连锁商业网点2.3万家(图5-1)。②

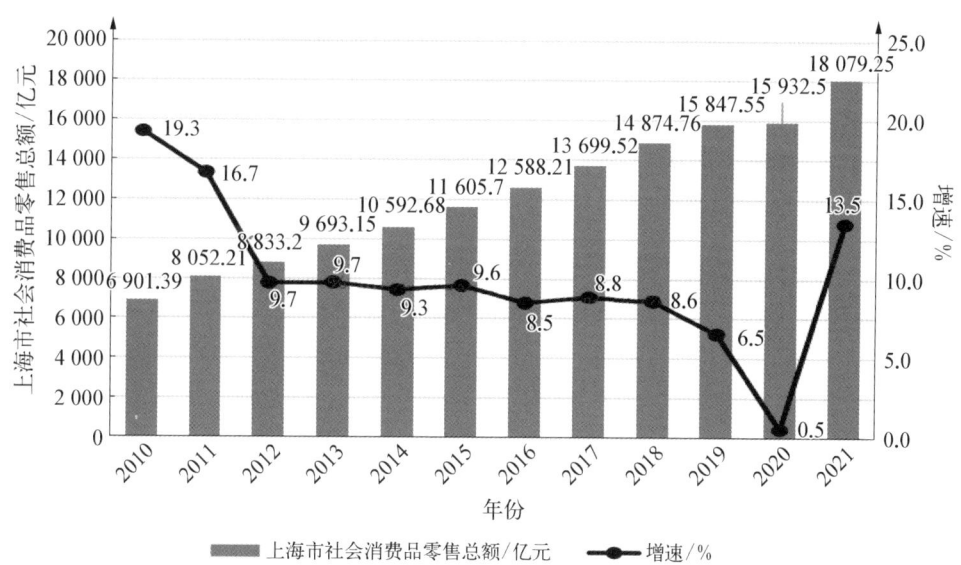

图5-1　2010—2020年上海市社会消费品零售总额和增速情况

数据来源:《上海统计年鉴(2020)》。

---

① 《2021中国国际零售创新大会在沪举办》,澎湃新闻(2021-05-24)。
② 《上海平均每天新增2.5家首店 2021中国国际零售创新大会在沪举办》,《新民晚报》(2021-05-24)。

二、后疫情时代上海零售业的复苏

2020年受新冠疫情影响,消费品市场整体表现有所下降,但是在网络零售保持较快增长的拉动下,2020年9月16日,中国商业联合会和中华全国商业信息中心联合发布2019年度"中国零售百强名单",零售百强企业的销售规模继续呈现快速增长的态势。零售百强企业销售规模突破10万亿元,较2019年增长1.7万亿,同比增长20.9%,增速只略低于2019年1.8个百分点。[①] 2019年度中国零售百强中有9家企业来自上海,排名最靠前的是位居全国第三的拼多多。全国百强企业中的上海企业销售规模,占全国零售百强企业总销售规模的15.31%。[②] 2020年中国零售百强榜中上海市上榜企业尽管有所变动,但是企业总数基本保持不变(表5-1)。

表5-1 2019年和2000年中国零售百强榜上海市上榜企业名单

上海排名	2019年			2020年		
	全国排名	公司名称	销售规模/亿元	全国排名	公司名称	销售规模/亿元
1	3	拼多多	10 066.0	3	拼多多	16 676.0
2	7	高鑫零售有限公司	1 018.68	9	高鑫零售有限公司	954.86
3	15	联华超市股份有限公司	546.3	14	联华超市股份有限公司	588.15
4	20	上海盒马网络科技有限公司	400.0	29	上海豫园旅游商场(集团)股份有限公司	270.23
5	28	家乐福(中国)管理咨询服务有限公司	312.84	48	宜家(中国)投资有限公司	134.0
6	31	月星集团有限公司	291.06	54	中国全家	93.93
7	35	上海豫园旅游商场(集团)股份有限公司	253.75	55	卜峰莲花	92.10
8	39	锦江麦德龙现购自运有限公司	230.0	74	罗森(中国)投资有限公司	84.86
9	81	罗森(中国)投资有限公司	59.64	—	—	—

数据来源:2019年度"中国零售百强榜",前瞻产业研究院整理,前瞻经济学人;2020年度中国零售百强榜,中华全国商业信息中心官网,2021年7月6日。

---

① 中华全国商业信息中心官网。
② 2019年度"中国零售百强榜",前瞻产业研究院整理,前瞻经济学人。

第五章 上海零售的未来

2020年上海全年社会消费品零售总额15 932.50亿元,与2019年基本持平,只有微弱的0.5%的增幅;但是就全年社会消费品零售总额而言,达1.59万亿元,仍然位居全国首位,实现了自2010年以来社会消费品零售总额的持续上升。其中第一季度的社会消费品零售总额3 060.34亿元,比2019年同期下降20.4%。第一季度和第二季度社会消费品零售总额6 946.76亿元,同比下降11.2%。前三季度的社会消费品零售总额11 103.58亿元,比2019年同期下降4.6%。从社会消费品零售总额来看,同比下降的幅度在逐渐减少,说明疫情后上海零售业在稳步恢复。再来看两组数据,第一组数据是2020年5月1日至15日的上海"五五购物节"期间,实现网络零售额616.9亿元,同比增长12.8%,线下累计消费1 210.5亿元,同比增长10.4%;第二组数据是"十一国庆黄金周"期间,上海线下实物消费额659.9亿元,同比增长12.2%,网络零售额358.6亿元,同比增长15.7%[①]。上海对疫情常态化的适应能力和反应速度是相对较快的,线上线下基本保持着较高水平的增幅,显现出巨大的消费潜力。第一太平戴维斯发布《2020年度中国零售20城》报告,上海继续保持中国零售商指数城市排名第一的地位。2021年随着经济的逐渐恢复,上海全年社会消费品零售总额突破1.8万亿,增幅高达13.5%(图5-2)。

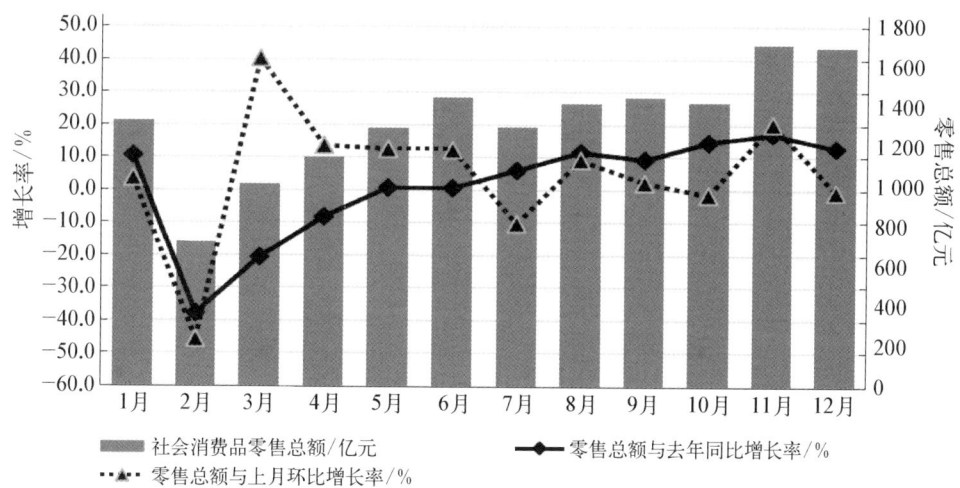

图5-2　2020年1—12月上海社会消费品零售发展趋势

数据来源:上海市统计局。

---

① 《2020年上海市零售行业市场现状和发展前景分析上海平台让新零售进一步得到施展》,前瞻经济学人(2020-11-26)。

除了社会消费品零售总额这个指标以外,还有两个证据也能够说明上海零售业当下所展现出来的较强的自我修复能力。一个证据是,长期以来,北京和上海的品牌开店频率基本保持一致,但是在受到新冠肺炎疫情的影响后,2020年1月至6月,8个品类品牌在上海的平均增速为7.6%,明显高于北京。① 另一个证据是,线上零售因为降低了消费者的接触风险,成为当下一种更为安全的消费方式。部分企业与个人也抓住了机遇,创立生鲜电商、直播电商、不接触服务等在线新消费模式,上海网络零售的表现极为亮眼。2020年上海主要电商直播平台的用户数量全国第一,网络购物交易额居全国前列。上海网上商店零售额2 606.39亿元,比2019年增长10.2%;② 占社会消费品零售总额的16.4%,比2019年提高了2.3%。③ 2021年上海线上零售额的增长幅度明显高于2020年,2021年上海线上零售额占零售总额的比重也高于2020年(图5-3)。

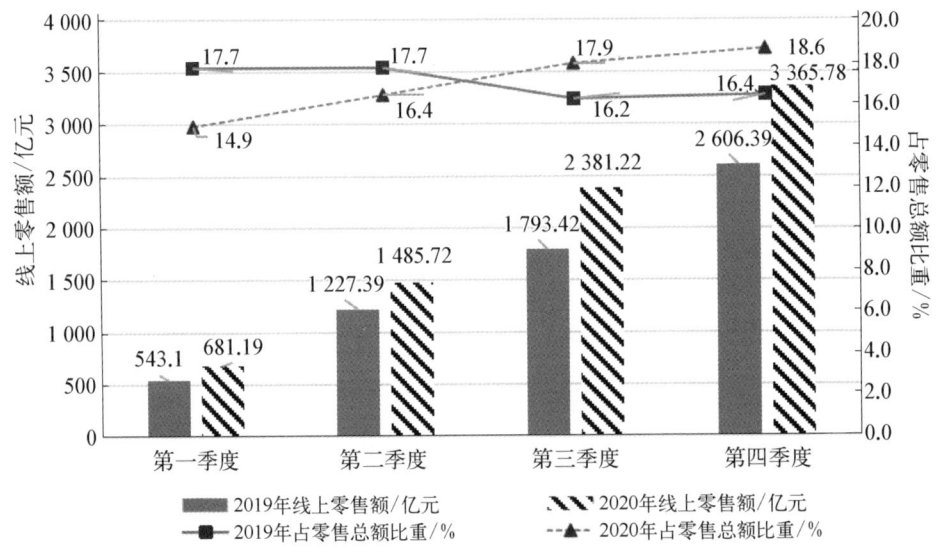

图 5-3 2019 年和 2020 年上海四季度线上零售额变化趋势图

数据来源:《2020年上海市国民经济和社会发展统计公报》《2021年上海市国民经济和社会发展统计公报》。

---

① 《2020年上海市零售行业市场现状和发展前景分析上海平台让新零售进一步得到施展》,前瞻经济学人,2020-11-26。
② 上海市统计局。
③ 黄宇.加快上海商业数字化转型的若干思考——基于上海市商业企业的调研分析[J].上海商学院学报,2020,6(3).

三、国际消费中心城市竞争力增强

放眼全球,上海作为国际消费中心城市的核心竞争力持续保持着增强态势,其聚集和辐射全球消费资源的能力不断提升。一是继续坚守着"首店经济"领头羊的地位。2021年上海开设各类品牌首店1 078家,同比增长18.6%,其中全球首店和亚洲首店14家,中国及内地首店167家,超过3 000个国际国内品牌在沪举办新品首发、首秀、首展活动。① 例如,仅"上海时装周"一项就累计培育300余名本土设计师走向国际舞台,网络曝光量高达40亿次。二是坚持保护老字号和创造新品牌并举。在"国潮大变 Young"老字号促消费系列活动中,有1 168款老字号新品举办了首发首秀。90个上海新品牌入选天猫top 500新品牌,数量位居全国各城市之首。三是上海跨境电子商务公共服务平台不断升级,从2016年上海跨境电子商务公共服务平台建成,到2019年开始承建数字贸易交易促进平台,再到2020年5月建成开通跨境易综合服务平台以及当年9月全面开通跨境电商企业对企业的电子商务(B2B)出口(9710、9810)业务,②跨境电子商务不断朝着便利化、透明化、数据化、网络化的方向发展,为上海"买全球、卖全球"提供平台保障。四是线上线下融合的新零售已经成为上海消费高质量、稳健增长的关键。2020年5月24日,由中国连锁经营协会(CCFA)、上海市商务委、浦东新区政府共同主办召开了2021中国国际零售创新大会。大会聚焦消费领域,助推零售企业数字化转型,助力消费市场创新发展,提升中国新零售的市场活力。2020年10月9日,阿里巴巴集团、蚂蚁集团与上海市政府签署战略合作协议,三总部三中心③落户上海,这势必将促进新零售新业态发展。聚焦"十四五"时期,中国国际零售创新大会也给出了上海零售业的发力点:以品质发展为主线,以数字赋能为动力,推动线上线下深度融合,内贸外贸协同联动,商品服务无缝链接。发挥消费在推动产业链、供应链和价

---

① 《上海国际消费中心城市建设交出成绩单:社会消费品零售总额1.8万亿元》,《新民晚报》(2022-01-21)。

② 跨境电商B2B出口的全称是跨境电商企业对企业出口,是指境内企业通过跨境物流将货物运送至境外企业或海外仓,并通过跨境电商平台完成交易的贸易形式,企业根据海关要求传输相关电子数据。跨境电商B2B出口的两种模式,即B2B直接出口和出口海外仓。其中B2B直接出口是境内企业通过跨境电商平台与境外企业达成交易后,通过跨境物流将货物直接出口至境外企业,采用"9710"监管方式申报。出口海外仓是境内企业现将货物通过跨境物流出口至海外仓,通过跨境电商平台实现交易后从海外仓送达境外购买者,采用"9810"监管方式申报。

③ 三总部是支付宝总部、盒马总部、本地生活总部;三中心是阿里上海研发中心、阿里新零售中心、蚂蚁科技中心。阿里与上海战略合作"三总部三中心"正式落"沪"[J].天津经济,2020(10):14-15.

值链优化升级中的积极作用。①

第二节 上海零售业发展的政策环境

上海的零售业从1978年改革开放至今已经逐步进入改革深水区。（早在2019年中央经济工作会议上习近平就曾指出,我国发展仍处于并将长期处于重要战略机遇期。当今世界面临百年未有之大变局,中国特色社会主义进入新时代。②）面对全球竞争,如何顺时谋势,用好战略机遇,通过改革、开放、创新谋求发展。上海正是通过持续性政策引导零售业持续转型、激发零售业发展活力,在更深层次上不断探索进一步深化改革和对外开放的路径,用开放倒逼改革,用改革推动这既是智慧也是勇气。中共十八大以来,为加快在线经济的发展,国务院在顶层设计和形成政策合力的层面相继出台了一系列政策,包括加快培育经济新动力、"互联网+"行动、促进跨境电子商务、推进线上线下互动、促进农村电子商务、深入实施"互联网+流通"行动计划等。③

聚焦在零售业,2016年11月,国务院办公厅印发《关于推动实体零售创新转型的意见》④,明确了我国实体零售创新转型的指导思想和基本原则,在调整商业结构、创新发展方式、促进跨界融合、优化发展环境、强化政策支持等方面做出具体部署。⑤ 其中,围绕线上线下进一步融合发展的问题做出回答,强调:"建立适应融合发展的标准规范、竞争规则,引导实体零售企业逐步提高信息化水平,将线下物流、服务、体验等优势与线上商流、资金流、信息流融合,拓展智能化、网络化的全渠道布局。"同年12月24日,为了牢牢把握电子商务规模发展和引领发展的双重机遇,商务部、中央网信办和发展改革委三部门印发《电子商务"十三五"发展规划》,⑥指导我国电子商务步入新的发展阶段。提出依靠"协调和创新"引领发展,推进电子商务与传统产业深度融合,包括引导电子商务促进农业转型升级、拉动制造业提档升级、加快商贸流通业创新发展,使电子商务经

---

① 《2021中国国际零售创新大会在沪举办》,澎湃新闻（2021-05-24）。
② 田延华,《聚焦中央经济工作会议（2019年）》,共产党员网（2019-12-13）。
③ 《商务部电子商务和信息化司负责人解读电子商务"十三五"发展规划》,上海商务委员会（2016-11-30）。
④ 《关于推动实体零售创新转型的意见》（国办发〔2016〕78号）。
⑤ 姜佳金.互联网环境下连锁经营管理专业人才培养的探讨[J].中国市场,2020（13）：104-106.
⑥ 《商务部电子商务和信息化司负责人解读电子商务"十三五"发展规划》,上海商务委员会（2016-11-30）。

营模式深度融入传统经济领域,开创线上线下互动融合的协调发展局面,加快形成网络化产业,全面带动传统产业转型升级。上海将目光锁定在对线上线下融合发展影响巨大的物流业,2017年发布《上海市电子商务发展"十三五"规划》,提出要全面完善快递服务体系,提升电子商务交易保障能力,①并对作为支撑电子商务发展重要功能的快递业给予多项政策支持。

一、围绕促进消费的政策

2018年9月20日,中共中央、国务院《关于完善促进消费体制机制 进一步激发居民消费潜力的若干意见》②公布,为促进消费体制升级绘制蓝图,通过举办各种活动促进消费、激发居民消费潜力。如全国"消费促进月"就是利用传统"金九银十"消费旺季在全国各大城市举办线上线下深度融合、商品服务同步促销、商旅文游购娱一体的"1+N"系列促消费活动,促进消费持续升级。③ 又如,自2017年起每年5月10日在上海举办的"中国品牌日"也不断丰富着形式,更新着内容,在"推动中国制造向中国创造转变、中国速度向中国质量转变、中国产品向中国品牌转变"④的道路上清晰方向,持续发展(表5-2)。

表5-2 历届"中国品牌日"活动主要内容

活动时间	活动主题	活 动 主 要 内 容
2017年	深化供给侧结构性改革,全面开启自主品牌发展新时代	通过召开媒体通气会、举办品牌发展研讨会、开辟品牌主题专栏等方式,有力凝聚了品牌发展社会共识,营造了品牌发展的良好环境
2018年	中国品牌·世界共享	首届中国自主品牌博览会和中国品牌发展国际论坛。李克强总理高度重视活动举办,专门做出重要批示,指出要"瞄准人民群众的新需要和不断升级的市场需求,着力增品种、提品质、创品牌,弘扬企业家精神和工匠精神,使更多中国品牌伴随中国制造走向世界、享誉世界"

① 商务部、中央网信办和发展改革委三部门印发《电子商务"十三五"发展规划》。
② 《中共中央 国务院关于完善促进消费体制机制 进一步激发居民消费潜力的若干意见》。
③ 消费升级,一般指消费结构的升级,是各类消费支出在消费总支出中的结构升级和层次提高,它直接反映了消费水平和发展趋势。消费体制升级是中国经济平稳运行的"顶梁柱"、高质量发展的"助推器",更是满足人民美好生活需要的直接体现。
④ 2014年5月,习近平在河南考察时提出:推动中国制造向中国创造转变,中国速度向中国质量转变,中国产品向中国品牌转变,农民日报(2015-08-17)。

(续　表)

活动时间	活动主题	活动主要内容
2019 年	中国品牌,世界共享;加快品牌建设,引领高质量发展;聚焦国货精品,感受品牌魅力	通过举办中国品牌发展国际论坛,搭建交流互鉴平台;组织有关行业协会设置 13 个自主品牌消费品体验区,宣传推介国货精品,提振消费信心;引导各地结合本地实际开展品牌日特色活动,加快形成品牌发展社会自觉。李克强总理专门做出重要批示,强调要"引导企业大力弘扬专业精神、工匠精神,坚守诚信,追求卓越,在市场公平竞争、消费者自主选择中涌现更多享誉世界的中国品牌,让中国与世界共享更好的中国产品与服务"
2020 年	中国品牌,世界共享;全面小康,品质生活;全球战"疫",品牌力量	首次全程采用"现场直播+云上办展"的方式,举办云上中国自主品牌博览会和中国品牌发展国际论坛,同时引导各地组织开展特色品牌创建活动。李克强总理对活动专门做出重要批示,指出要"坚持质量第一效益优先,打造更多名优品牌,更好满足群众消费升级和国家发展的需要"
2021 年	中国品牌,世界共享;聚力双循环,引领新消费	采用线上线下结合模式。活动内容包括:举办 2021 年中国品牌发展国际论坛、举办中国自主品牌博览会、引导地方自行组织开展特色品牌创建活动

2018 年上海发布《全力打响"上海购物"品牌　加快国际消费城市建设三年行动计划（2018—2020 年）》,①提出要将"上海购物"作为打响上海四大品牌的第一炮,通过提升消费贡献度、消费创新度、品牌集聚度、时尚引领度、消费满意度这五个度,②最终显著提升消费体验度,把上海打造成人人向往的"购物天堂"。2020 年,为进一步促进在线新经济的发展,上海市政府办公厅发布《上海市促进在线新经济发展行动方案（2020—2022 年）》,③提出重点推进四个"100＋"行动目标,到 2022 年,将上海打造成具有国际影响力、国内领先的在线新经济发展新高地。④ 包括重点推进四个"100＋"行动目标,即聚焦"100＋"创新型企业、推出"100＋"应用场景、打造"100＋"品牌产品和突破"100＋"。在拓展生鲜电商零售业态和加速发展无接触配送两方面进一步促进零售行业的发展。

---

① 市商务委领导介绍:《全力打响"上海购物"品牌　加快国际消费城市建设三年行动计划（2018—2020 年）》相关情况[J]. 上海商业. 2018（5）：6-9.
② 黄宇. 改革开放四十年创造上海商业奇迹[J]. 上海商业,2019（1）：16-19.
③ 《上海市促进在线新经济发展行动方案（2020—2022 年）》（沪府办发〔2020〕1 号）.
④ 史敬伟. 打造四个"100＋"市政府新闻发布会聚焦在线新经济[J]. 上海节能,2020（4）：78-79.

二、围绕跨境电商的政策

2015年,上海首个"跨境电子商务示范园区"挂牌成立,天猫国际首批入驻,保税仓模式大大提高了清关效率。为了高速发展跨境电商,同年上海就发布了《关于促进本市跨境电子商务发展的若干意见》,[①]提出包括设立跨境电商示范园区等12条意见,推进跨境电商制度创新、管理创新和服务创新,引导跨境电商产业向规模化、标准化、集群化、规范化方向发展。指出到2020年,本市跨境电商交易额占全市进出口总量的比重稳步提高,跨境电商发展水平居全国前列。上海以深入推进自由贸易试验区建设为契机,加快构建更高层次的开放型经济新体制,依托制度创新先发优势,优化营商环境和市场环境,便利跨境电商的发展(表5-3)。

表5-3 促进上海市跨境电子商务发展的12项主要任务

主要任务	具 体 措 施
集聚跨境电商经营主体	引进和培育一批国内外有影响力的跨境电商示范企业。支持国内企业更好地利用电子商务开展对外贸易,鼓励传统制造和商贸流通企业利用跨境电商平台开拓国际市场,培育一批拥有自主品牌的跨境电商企业。支持跨境电商零售出口企业通过规范的"海外仓"、体验店和配送网点等模式,融入境外零售体系。鼓励外贸综合服务企业和第三方专业服务企业为跨境电商提供通关、物流、仓储、融资等服务。鼓励现有电商平台和企业拓展跨境电商业务功能,鼓励国内企业与境外电子商务企业强强联合
完善跨境电商公共服务平台	依托本市电子口岸,把跨境电商公共服务平台建设成为"单一窗口"平台,为进出口电商和支付、物流、仓储等企业提供数据交换服务,为海关、检验检疫、税务、外管等部门提供信息共享平台,实现"一次申报、一次查验、一次放行",提高口岸监管便利化程度。简化企业申报办理流程,建立公平、开放、透明、高效的对接服务机制
发展跨境电商物流体系	1. 支持国内外物流、快递企业提供跨境电商物流服务。加强航空、海运、铁路等多种运输方式对跨境电商业务的运能保障。支持企业建立全球物流供应链和境外物流服务体系。 2. 依托自贸试验区、海关特殊监管区域等,完善跨境电商仓储物流中心和集中监管场所布局,由海关、检验检疫等部门共同研究制定集中监管场所的认定标准和操作模式,引导和鼓励有条件的企业进驻相关区域开展业务

---

① 《关于促进本市跨境电子商务发展的若干意见》的通知(沪府办发〔2015〕32号)。

(续 表)

主要任务	具 体 措 施
设立跨境电商示范园区	优化跨境电商产业布局,依托自贸试验区、海关特殊监管区域、国家级高新区和电商产业园区等,创建各具特色的跨境电商示范园区。支持园区出台有关企业入驻、人才集聚、融资便利等方面的扶持政策,建设区域线下服务平台,鼓励园区建设贸易、仓储、配送、售后等综合服务体系,吸引跨境电商企业入驻,形成集聚和示范效应
鼓励跨境电商业态创新	促进传统商贸流通企业转型,支持保税商品展示叠加保税进口等跨境电商与传统零售相结合的业态创新。鼓励有条件的企业开设跨境电商线下体验店,形成线上线下跨境购物渠道的相互补充。支持通过邮路、快递实现的跨境零售业务,提升信息化水平,完善信息共享机制,积极创造条件,解决其通关、支付、结汇、仓储和售后服务等问题。鼓励服务业企业通过互联网平台提供跨境专业服务,率先开展服务贸易跨境电商试点
优化配套的海关监管措施	1. 完善现有直邮进口和保税进口监管办法,探索建立"集货模式"监管制度。实现进口环节行邮税电子计征,实施海关邮税担保实时验放模式,提升跨境电商涉税订单通关效率。创新商品备案自动审核模式,实现低风险商品7×24小时实时备案,进一步提升跨境电商业务信息化水平。 2. 完善跨境电商出口监管办法,对出口商品采取"清单核放、汇总申报"方式办理通关手续,并简化商品归类方式。贯彻落实海关总署关于"实现全年无休日,24小时内办结海关手续"的通关时限要求。 3. 推动邮路逐步纳入跨境电商服务试点,研究制订邮路进出口监管试点方案
完善检验检疫监管政策措施	1. 对本市跨境电商进口检验检疫实施负面清单管理制度,强化事中事后监管。简化企业和商品备案要求。对进口商品实行"集中申报、核查放行"。对通过国际快递和邮路进境的商品,统一按照快件和邮寄物相关检验检疫监管办法管理。对保税进口商品,实施以风险分析为基础的质量安全监管,依据相应产品国家标准的安全卫生项目进行监测。 2. 对出境商品以检疫监管为主,一般工业制成品出口不再进行法检。建立基于风险分析的质量安全监督抽查机制。加大第三方采信力度,监督有资质的第三方检测机构实施检验检测,进行产品质量安全的合格评定
提升跨境支付与收结汇服务	支持银行和跨境第三方支付机构为跨境电商业务提供高效便捷的支付服务,支持企业办理跨境贸易人民币结算或正常收结汇。推动银行、支付机构加快产品创新,改进跨境支付服务,提高跨境支付效率。支持符合条件的支付机构开设境外人民币及外币备用金账户。对邮路渠道直接寄出口商品的中小经营主体,可通过有资质的第三方支付机构办理收结汇。对通过海关集中监管、清单核放、汇总申报的经营主体,凭海关电子报关信息办理货物出口收结汇业务。进一步扩大支付机构跨境外汇支付业务的范围与交易金额,在确保交易真实性的前提下,逐步将试点扩展至所有货物贸易与服务贸易

(续　表)

主要任务	具　体　措　施
创新支持跨境电商税收机制	落实跨境电商零售出口货物退免税政策。适用跨境电商退（免）税、免税政策的电子商务出口企业，可依据海关电子报关信息和相关凭证，按规定申请办理退（免）税和免税。探索实施跨境电商出口退税无纸化管理。在简化商品归类方式的基础上，研究跨境电商出口商品实行综合退税率政策。创新研究有利跨境电商持续健康发展的税收机制
加大财税金融支持力度	1. 利用本市战略性新兴产业、外贸发展、对外投资合作、服务业引导等专项资金，支持跨境公共服务平台建设、跨境电商专业人才培训、开拓国际市场、建设国际营销网络、建设海外仓等项目。重点支持跨境电商示范企业发展和跨境电商示范园区建设。从事跨境电商业务的企业，经认定为高新技术企业的，依法享受高新技术企业相关优惠政策，小微企业依法享受税收优惠政策。 2. 建立适应跨境电商发展的多元化、多渠道投融资机制，支持和引导银行业金融机构对跨境电商企业开展供应链金融、商业保理服务，在风险可控的前提下，加强与电商平台业务合作，根据跨境电商业务特点和要求，开展线上融资方式及担保方式创新，鼓励基于诚信的无抵押贷款方式推广。为跨境电商提供适合的信用保险服务。引导和推动各类创业创投资金支持跨境电商初创企业，鼓励支持有条件的跨境电商企业上市
加强创新研究和人才建设	1. 深入研究符合跨境电子商务发展的法规政策体系和国际通用规则。鼓励相关企业、机构、院校合作成立跨境电商研究机构，为本市跨境电商工作创新提供理论研究和智力支持。促进跨境电商行业协会等社会中介组织建设，加强宣传和推广，通过建立行业诚信认证制度，规范市场主体行为，实现行业自律管理。通过扶持引导、业务对接、制定标准、评级评优等方式，提升行业创新水平，并推动国际跨境电子商务行业合作。 2. 培育和集聚跨境电商人才。鼓励企业、社会组织及教育机构合作办学。鼓励高等院校开设跨境电商专业课程，各类培训机构增加跨境电商技能培训项目。支持符合条件的跨境电商创业人才落户上海，支持院校和社会培训机构开展创业培训，使跨境电商成为创新驱动发展的重要引擎和大众创业、万众创新的重要渠道
优化市场环境和统计监测	1. 加强诚信体系建设，完善信用评估机制。加强产品质量监管，推进以机构代码和商品编码为基础的产品质量追溯体系建设。探索建立风险监测、网上抽查、源头追溯的产品质量监督机制，实现部门间、区域间信息共享和协同监管。 2. 引导跨境电商主体规范经营行为，承担质量安全主体责任，营造公平竞争的市场环境。发挥消费者权益保护组织作用，指导企业建立完善售后服务体系，加强解决国际消费纠纷的双边和多边合作。加大执法监管，加大知识产权保护力度，坚决打击跨境电子商务中出现的各种违法侵权行为。 3. 完善外贸统计方式，通过公共服务平台，对接各监管部门系统，将跨境电商经营主体、贸易量、商品信息、结汇、退税等纳入统计，单列跨境电商贸易统计专项

资料来源：上海市人民政府办公厅印发《关于促进本市跨境电子商务发展的若干意见》的通知（沪府办发〔2015〕32号）。

2015年上海出入境检验检疫局发布《上海国检局关于深化检验检疫监管模式改革支持上海自贸试验区发展的意见》(以下简称《意见》)鼓励自贸区跨境电商的发展,尤其是生鲜电商、跨境水果贸易的发展。《意见》共24条,涉及体制机制创新、简政放权、提升贸易便利化水平、服务新兴产业发展、加快互联互通五个方面。[①] 其中围绕涵盖跨境电商的扶持政策如下(表5-4)。

表5-4 上海出入境检验检疫局建立跨境电商的发展的机制

建立机制	具 体 内 容
构建符合跨境电子商务发展的体制机制	在跨境电商发展新的态势下,上海市表示,将加快建立符合跨境电子商务发展要求的体制机制,并出台上海口岸跨境电子商务管理办法,推出涵盖直邮进口、保税进口、出口等业务类型的、适合跨境电子商务行业特点的监管模式与便利化措施
建立跨境电子商务清单管理制度	在这项制度中,将完善跨境电子商务入境物品管理,建立跨境电子商务产品负面清单制度,除负面清单内商品禁止以跨境电子商务形式入境外,全面支持跨境电子商务发展
构建跨境电子商务风险监控体系和质量追溯体系	该体系包括优化进口电商企业和产品的质量安全监管方式,实施线上监测、线下预警的安全管理和风险监测工作机制。另外,还包括制定重点商品和重点项目监管清单,通过现场查验、抽样检测和监督检查等,加强风险监控和预警,并充分运用信息化手段,实现跨境电子商务商品"源头可溯、去向可查"。同时,加强与质监部门的合作,建立"风险监测、网上抽查、源头追溯、属地查处"的质量监测机制
创新跨境电子商务监管模式	在监管方面,将实行全申报管理,建立责任追溯体系和先行赔付制度。对按国外个人订单出境的跨境电子商务出口商品,除必要的检疫处理外,不实施检验,对低风险商品审核放行、高风险商品逐步采信第三方检测结果合格放行。对出口跨境电子商务商品实行集中申报、集中办理放行手续,完善以检疫监管为主,基于风险分析的质量安全监督抽查机制。加大第三方检验鉴定结果采信力度,对一般工业制成品,以问题为导向,加强事后监管。对进口跨境电子商务商品实行集中申报、核查放行。对整批入境、集中存放、电商经营企业按订单向国内个人消费者销售的,实施以风险分析为基础的质量安全监管,依据相应产品国家标准的安全卫生项目进行监测,监督电商在尊重消费者个人选择权的同时,标示可能存在的质量安全问题和消费风险。加强事后监管,组织对质量安全问题的调查处理

---

① 倪方树. 论供给侧结构性改革——基于我国四大自贸试验区建设实践的研究[J]. 产业创新研究,2017(2):52-59.

(续 表)

建立机制	具 体 内 容
实施跨境电子商务备案管理	对跨境电子商务经营主体及跨境电子商务商品实施备案管理,落实跨境电子商务经营主体商品质量安全主体责任,推动规范跨境电子商务经营秩序,实现质量安全责任可追溯

资料来源:《上海国检局关于深化检验检疫监管模式改革支持上海自贸试验区发展的意见》,2015。

2016年3月,上海海关等口岸监管部门在保税区率先推出"直购进口提前申报"等便利化改革举措,推进跨境电商监管制度创新。同年6月上海市政府公布《中国(上海)跨境电子商务综合试验区实施方案》,[1]提出五大主要任务,包括建设跨境电商公共服务平台、推进跨境电商园区建设、集聚跨境电商企业主体、完善跨境电商监管制度以及探索国际通用规则。2017年上半年,中国电子商务研究中心发布数据显示中国跨境电商交易规模3.6万亿元,同比增长30.7%。2019年我国下调了跨境电商综合税,进一步开放了跨境进口零售市场。2020年受疫情影响,实体经济受挫,在线经济获得发展机遇。2019年上半年跨境电商综合税的下调进一步开放了跨境进口零售市场;同年8月《上海市新一轮服务业扩大开放若干措施》推出包括允许跨境电商零售出口采取"清单核放、汇总统计"方式办理报关手续等有利于上海参与国际合作竞争力的40条政策,进一步简化了通关手续,优化了跨境电商的营商环境,加之国家政策的支持以及各地促进发展新业态,跨境电商快速发展。网经社电子商务研究中心与网经社跨境电商平台共同发布的《2020年度中国跨境电商市场数据报告》中显示,2020年中国跨境电商市场规模已达12.5万亿元,同比增长19.04%。[2] 跨境电商已经成为我国外贸发展新的增长点。而政策支持是跨境电商高速发展的重要因素之一。法治化、国际化、便利化的营商环境和公平、统一、高效的市场环境对跨境电商的发展意义重大。2020年为进一步贯彻落实党中央、国务院关于做好"六稳"工作、落实"六保"任务的部署要求,[3]加快跨境电子商务新业态发展,海关总署将包括上海在内的共12个直属海关纳入跨境电子商务企业对企业出口,即跨境电商B2B出口监管试点范围。

---

[1] 《中国(上海)跨境电子商务综合试验区实施方案》(沪府办发〔2016〕23号)。
[2] 柳思维,陈薇. 改革开放以来中国消费品市场的历史性变化[J]. 消费经济,2021(3):3-11.
[3] 《人民银行举行"金融支持保市场主体"系列发布会(第一场)》,中国政府网-新闻发布(2020-08-20)。

此类政策也成为上海推进贸易高质量发展的红利,与上海高质量发展跨境电商的定位一致。2020 年,为深入贯彻落实中共中央、国务院《关于推进贸易高质量发展的指导意见》,上海市发布了旨在为建成国内大循环中心节点和国内国际双循环战略链接的《上海市关于推进贸易高质量发展的实施意见》[①]。它从强化产业、金融、航运和科技支撑,夯实贸易基础;培育综合竞争新优势,提升贸易能级;坚持均衡协调可持续,转变贸易发展方式;发展新型贸易业态,培育新的贸易动能;统筹两个市场、用好两种资源,做强贸易平台;深化制度创新,营造法治化、国际化、便利化贸易环境;加强组织实施,健全保障体系等七个方面共三十六条较为全面地提出了高质量发展贸易的路径(表 5-5)。

表 5-5 上海关于推进贸易高质量发展的实施意见的主要内容

类　别	具　体　内　容
一、强化产业、金融、航运和科技支撑,夯实贸易基础	(一) 提升产业升级与贸易发展的联动效应。发挥新型基础设施建设的支撑作用和进口的促进作用,持续推进产业创新、工业强基、设计引领和技术改造焕新等重大专项。落实三大产业"上海方案",聚焦集成电路、人工智能、生物医药创新突破,尽快形成出口能力。壮大新能源汽车、智能制造装备、高端医疗器械、船舶和海洋工程装备等战略性新兴产业,打造自主出口主导产业。加快汽车、钢铁、化工等重点产业的改造升级,提升出口优势
	(二) 放大金融支持贸易发展的效能。支持金融机构为外贸企业提供跨境人民币贸易融资和再融资。进一步升级银税服务平台,为诚信纳税的贸易企业提供无抵押纯信用贷款。鼓励政策性银行联合商业银行开展转贷款业务,确保小微企业贷款利率保持在合理水平。扩大出口信用保险覆盖面,提高风险容忍度,缩减定损核赔时间。推广"信保+担保",对符合条件的中小外贸企业,由上海中小微企业政策性融资担保基金及其他政策性融资担保机构予以担保支持
	(三) 建设高能级全球航运枢纽。加快小洋山北侧综合开发,推进铁路进外高桥港区,扩大河海直达和江海直达运输规模。研究在对等原则下,允许外籍国际航行船舶开展以洋山港为国际中转港的外贸集装箱沿海捎带业务。持续提升航空网络通达性,加强航空货运运力。支持开展航运融资、航运保险、航运结算、航材租赁、船舶交易和航运仲裁等高端航运服务,探索发展航运指数衍生品业务。完善邮轮运行保障体系,打造邮轮物资配送中心

---

① 中共中央国务院关于推进贸易高质量发展的指导意见[M]. 北京:人民出版社,2019.

(续 表)

类 别	具 体 内 容
一、强化产业、金融、航运和科技支撑,夯实贸易基础	(四)突出科技创新的引领作用。加强原始创新和集成创新,吸引跨国公司设立研发中心。加快张江科学城等创新特色载体建设,集聚建设一批世界级创新平台。支持符合条件的企业申请高新技术企业和技术先进型服务企业认定。以支撑产业链创新和重大产品研发为目标,建设转化功能型平台,加强关键技术标准研制和技术标准体系建设
二、培育综合竞争新优势,提升贸易能级	(五)集聚和培育一批高能级贸易主体。完善总部经济支持政策,支持打造全球供应链管理中心,力争每年新增跨国公司地区总部超过40家。培育一批具有国际竞争力的本土跨国公司。设立上海中小企业海外中心,实施"专精特新"中小企业培育工程
	(六)引导企业优化国际市场布局。加强对区域全面经济伙伴关系协定等的研究,助力企业扩大与协定国的贸易规模。鼓励企业完善营销和服务保障支撑体系。支持企业建立多层次国际营销服务网络,实施"抱团出海"行动计划。支持企业通过参加海外展览开拓市场。引入一批贸易促进机构和进口商品国别(地区)馆
	(七)支持加工贸易创新发展。鼓励加工贸易企业对现有设施、工艺条件及生产服务等进行技术改造,提升传统优势产业的竞争力。支持加工贸易企业进入关键零部件和系统集成制造领域。推动加工贸易企业向产业链上下游延伸,拓展生产性服务业
	(八)提振产品质量和品牌影响力。开展重点领域产品质量攻关活动,支持企业参加国际质量认证,实施政府质量奖励制度,鼓励贸易企业加强质量管理和申报。提升品牌产品出口规模,培育一批出口品牌。支持企业境外注册商标,加大自主品牌推介力度。推进内外销产品"同线同标同质",鼓励出口企业与国内商贸流通企业对接,拓展国内市场
三、坚持均衡协调可持续,转变贸易发展方式	(九)推进进口商品集散地建设。扩大关键装备、零部件和技术专利进口,对纳入《鼓励进口技术和产品目录》产品予以贴息支持。做精外高桥国家进口贸易促进创新示范区专业贸易平台。提升上海钻石交易所和中国(上海)宝玉石交易中心国际影响力。打造联动长三角、服务全国、辐射亚太的进口商品集散地
	(十)深化服务贸易创新发展试点工作。推动跨境运输、资金流动、自然人移动、信息流通等领域制度创新,加快建立与国际通行规则相接轨的政策和标准体系。完善市区两级协同、长三角地区联动、境内外互动的发展促进机制。完善技术贸易促进措施,探索技术进出口管理机制。鼓励和支持创建国家文化出口基地。鼓励建设中医药海外中心、国际合作基地和服务出口基地

(续 表)

类　别	具　体　内　容
三、坚持均衡协调可持续，转变贸易发展方式	（十一）推动贸易与双向投资互动。支持跨国企业通过跨国并购、联合投资等方式，优化资源、品牌和营销渠道，构建畅通的国际物流运输体系、资金结算支付体系和海外服务网络。鼓励行业龙头企业新增或增资重点工贸一体制造业项目。支持有实力的企业承接"一带一路"沿线国家和地区互联互通和基础设施重大工程项目
	（十二）推进贸易与环境协调发展。提升飞机发动机等维修业务规模和水平，推动临港再制造产业示范基地建设。支持综合保税区内企业开展符合要求的全球维修业务。在确保风险可控的前提下，支持在海关特殊监管区外开展高技术、高附加值、符合环保要求的保税维修业务
四、发展新型贸易业态，培育新的贸易动能	（十三）提升离岸和转口贸易规模。支持企业利用自由贸易账户开展离岸贸易，银行可按照国际通行规则为符合条件的企业提供跨境金融服务便利。支持银行为真实合法离岸贸易提供便利的外汇结算服务。大力发展国际贸易分拨业务
	（十四）促进跨境电子商务集约高效发展。深化国家级跨境电子商务综合试验区建设，增设一批市级示范园区。提升跨境电子商务公共服务平台服务能级，鼓励开展市场化经营项目。简化进口备案要求，研究在上海国际邮件互换局设立跨境电子商务出口海关监管作业场地。简化小微跨境电子商务企业货物贸易外汇收支手续，符合条件的企业可免于办理"贸易外汇收支企业名录"登记。支持银行为跨境电子商务企业提供跨境人民币结算服务
	（十五）加快发展外贸综合服务业务。对通过外贸综合服务企业出口的各类生产企业实施分类分级管理，确保及时足额退税。允许外贸综合服务企业自主决定是否开立出口收入待核查账户，对于企业未开立出口收入待核查账户的，银行按照规定审核后的货物贸易收入可直接进入经常项目外汇账户或结汇
	（十六）打造数字贸易国际枢纽港。加快构建与数字贸易发展相适应的基础设施和制度环境。推动建设国际互联网数据专用通道。在虹桥商务区打造全球数字贸易港。在自贸试验区临港新片区试点开展数据跨境流动安全评估，探索建立数据跨境流动分类监管模式。建设一批数字服务出口基地。完善数字贸易交易促进平台服务功能，实现与海关跨境贸易大数据平台联通

(续 表)

类　别	具　体　内　容
四、发展新型贸易业态，培育新的贸易动能	（十七）推动服务外包转型升级。加快承接服务外包能力建设，发展服务外包新模式。加快发展一批拥有自主知识产权的服务产品，推动服务外包与高端制造融合发展。开展生物医药研发便利研究，推进集成电路设计和检测保税监管试点。提升研发、设计和会计、法律等专业服务领域的竞争力
	（十八）建设百亿级和千亿级大宗商品市场。聚焦金属、能源、化工、矿石等领域，打造若干面向国际的大宗商品现货交易平台。推动大宗商品人民币计价结算。支持上海期货交易所标准仓单交易平台以公司化模式运作，开展标准仓单、非标仓单、保税仓单与场外衍生品交易，推动大宗保税商品转让登记规范化。拓展现货衍生品及价格指数业务。探索通过自由贸易账户为大宗商品现货离岸交易和保税交割提供与国际规则相一致的跨境金融服务。推动在自贸试验区临港新片区设立国际油气交易平台
五、统筹两个市场、用好两种资源，做强贸易平台	（十九）发挥自贸试验区及临港新片区制度创新试验田作用。在自贸试验区海关特殊监管区域探索通过电子账册、信用监管、风险监控等集成化制度安排，完善海关综合监管模式。提升自贸试验区及临港新片区融资租赁行业发展质量。支持依托自由贸易账户，为数字贸易等新型国际贸易业态提供高效便利金融服务。支持自贸试验区及临港新片区发展新型国际贸易。在不导致税基侵蚀和利润转移前提下，在自贸试验区临港新片区探索试点自由贸易账户的税收政策安排。支持在自贸试验区临港新片区开展国际航行船舶保税油供应业务。推进洋山特殊综合保税区后续封关验收。对境外进入洋山特殊综合保税区物理围网区域内的货物、物理围网区域内企业之间的货物交易和服务，争取实行特殊税收政策。扩大浦东国际机场航空中转集拼规模。推行更加便利的船舶登记制度
	（二十）推动长三角贸易协同发展。发挥长三角高端装备创新协同基地功能，建设高端装备创新协同体系。深化长三角海关高质量一体化改革，优化货物转运流程，推广集团保税监管模式。构建长三角风险评估协同机制，完善进出口商品质量安全风险预警与快速反应监管体系。设立长三角产业安全监测工作站
	（二十一）深化长江经济带贸易跨区域合作。对接沿江省市，完善大通关合作机制，加强监管互认、执法互助、信息互换。积极推进海关特殊监管区域整合优化，推动沿江各海关特殊监管区域间货物便捷流转。推进海铁联运和江海联运建设，建立健全长江港口江海联运体系。整合沿江港航资源，建设长江集装箱江海联运综合服务平台

(续　表)

类　别	具　体　内　容
五、统筹两个市场、用好两种资源，做强贸易平台	（二十二）推进"一带一路"贸易畅通合作。深化与"一带一路"沿线国家和地区的贸易合作，扩大机电产品和高新技术产品出口以及优质农产品、制成品和服务进口规模。鼓励在"一带一路"沿线国家和地区设立企业海外代表处。发挥各类"走出去"平台作用，营造"走出去"生态圈
	（二十三）持续放大中国国际进口博览会溢出带动效应。优化外商投资促进机制，拓展上海外商投资促进服务平台功能。完善保税展示展销监管制度，支持虹桥进口商品保税展示交易中心和绿地全球商品贸易港保税展示展销业务发展。深化常年展示交易平台建设，做实展示、撮合、交易等服务。推动中国国际进口博览会汇兑和贸易收支便利化，扩大资金池业务参与主体
	（二十四）打造虹桥国际贸易中心新平台。培育壮大一批贸易集成商，引入一批商品直销平台、国别商品交易中心、专业贸易平台和跨境电商平台。打造国际组织和贸易促进机构集聚高地。推动设立国家进口贸易促进创新示范区。支持新虹桥国际医学中心建设医疗服务贸易平台。建设长三角电子商务中心。进一步推动全市进口交易服务平台集聚
	（二十五）建设具有全球影响力的国际会展之都。提升会展业国际化水平，吸引国际知名办展主体落户上海。进一步扩大国际性展览规模，入选世界百强商业性展览的数量保持全球前列。进一步宣传贯彻《上海市会展业条例》，完善会展业议事协调机制。扩大与国际行业组织合作，支持会展项目取得国际认证。支持会展企业提升数字化营销能力
	（二十六）深化各类外贸集聚区建设。优化国家外贸转型升级基地公共服务配套体系。深化国家进口贸易促进创新示范区建设，发挥促进进口、服务产业、提升消费的示范引领作用。探索允许综合保税区内企业进口专业设备开展软件测试。推动外高桥保税物流园区升级为综合保税区
六、深化制度创新，营造法治化国际化便利化贸易环境	（二十七）健全贸易生态服务体系。构建国际化商事争议解决平台，完善多元商事纠纷解决机制。聚集一批国内外顶尖的专业咨询机构，强化人才和智力支撑。发挥行业组织、贸易促进机构和进出口公平贸易工作站作用
	（二十八）提升口岸开放和服务水平。争取浦东国际机场成为整车空运进口口岸。优化国际航行船舶进出口岸联合审批，落实国际航行船舶联合登临检查机制。开展上海港出口直装、进口直提作业模式试点。推进集装箱放箱、封志发放电子化、集约化

(续 表)

类 别	具 体 内 容
六、深化制度创新,营造法治化国际化便利化贸易环境	(二十九) 优化跨境贸易营商环境。全面推广进口货物"两步申报"通关模式,外高桥港区全面实施出口货物"提前申报、运抵验放"模式。继续发挥"疑难报关单专窗"作用,解答疑难单证问题。进一步压缩出口退税办理时间
	(三十) 完善国际贸易"单一窗口"功能。深化中国(上海)国际贸易"单一窗口"与政务服务"一网通办"平台对接,丰富地方特色功能。聚焦进口医疗器械等行业,归集贸易全链条信息数据,便利金融机构开展贸易背景审核。拓展区块链应用试点,便利中国国际进口博览会保税展示交易监管服务。开展长三角国际贸易"单一窗口"合作共建,整合收费查询和办理功能,加强数据共享
	(三十一) 打造国际贸易知识产权保护高地。推进知识产权地方立法,制定面向2035年的上海知识产权战略纲要,提高知识产权密集型商品出口比例。深化国家知识产权运营公共服务平台国际运营(上海)试点平台建设。加强知识产权风险预警和海外维权援助,深化知识产权仲裁调解。优化知识产权资助政策,引导企业加强商标和专利布局。强化进出口环节知识产权保护
	(三十二) 推进贸易信用体系建设。完善部门信息共享机制,实施失信联合惩戒。对外贸企业在外汇结汇、税收缴交等环节出现的非主观故意又可整改的行为,按照规定不纳入出口货物贸易人民币结算重点监管企业名单。优化企业报关"容错机制",对企业主动披露的非主观原因造成的申报差错和违规行为,实施快速处置,依法从轻、减轻或者免予处罚
七、加强组织实施,健全保障体系	(三十三) 加强党的领导。加强党对推进贸易高质量发展工作的全面领导,把贸易高质量发展纳入上海国际贸易中心建设目标,上海市推进上海国际贸易中心建设领导小组(以下简称"领导小组")办公室要发挥统筹协调作用,领导小组各成员单位和各有关单位要按照职责分工,密切配合,履行职责
	(三十四) 完善法治保障。推动《上海市推进国际贸易中心建设条例》修订列入年度立法计划,做好《上海市外商投资条例》的宣传解读与推进实施工作。加强贸易政策合规工作。提升政策透明度,主动公开和发布涉企政策
	(三十五) 加大政策支持力度。在符合世界贸易组织规则前提下,进一步优化财政资金使用结构、支持方式和使用效益,鼓励各区出台配套支持政策。推动金融机构、保险机构和股权投资机构等社会资金加大对外贸中小企业的支持力度

(续表)

类　　别	具　体　内　容
七、加强组织实施,健全保障体系	(三十六)提升贸易风险防范和化解能力。强化对外贸易运行监测,完善外贸进出口调查监测系统。加强产业损害预警,提升产业国际竞争力。优化经贸摩擦案件应对,支持企业依法提起贸易救济调查,扩大贸易调整援助试点范围

三、围绕新业态新模式的政策

随着零售业新业态、新商业模式的不断涌现,如利用哔哩哔哩、抖音等网络直播、短视频平台,直播带货、网红电商、内容电商、社群电商等逐渐成为新型消费场景,粉丝经济变现能力逐步增强,突破了消费场景空间和时间边界。国务院办公厅出台《关于以新业态新模式引领新型消费加快发展的意见》(国办发〔2020〕32号)在政策层面对零售业的新业态新模式创新进行鼓励。2020年上海为促进直播电商创新发展,培育发展在线新经济,打造直播电商高地,推出十八项措施(表5-6)。

表5-6　上海关于促进直播电商创新发展、培育发展在线新经济的十八项措施

类　　别	具　体　措　施
一、支持直播电商主体做大做强	(一)打造具有全国影响力的直播电商平台
	(二)建设若干特色直播电商基地
	(三)培育优质多频道网络(MCN)机构
	(四)扶持专业直播服务机构
二、促进直播电商与各行业融合发展	(五)大力发展"直播+生活服务业"
	(六)大力发展"直播+产业供应链"
	(七)大力发展"直播+消费扶贫"
	(八)大力发展"直播+会展活动"
	(九)大力发展"直播+跨境电商"

(续　表)

类　别	具　体　措　施
三、营造多元化商业应用场景	（十）赋能线下实体商业转型升级
	（十一）支持首发经济发展
	（十二）提升夜间经济动能
	（十三）推进品牌经济升级
四、优化保障措施	（十四）强化平台规范管理
	（十五）优化包容审慎监管
	（十六）推动行业自律发展
	（十七）构建人才支撑体系
	（十八）加大政策支持力度

政策的引导对于行业的发展,尤其是新模式、新业态的发展至关重要。从上述紧跟行业发展的政策引导就可以看到,上海在加快零售业发展中的努力。为进一步促进上海零售业的发展,可以通过政策引导继续推进加快构建更高层次的开放型经济新体制,增创制度创新的先发优势,多元的构筑法治化、国际化、便利化的营商环境和公平、统一、高效的市场环境。[①]

第三节　上海零售业发展的未来畅想

上海地区地处长江三角洲,位于中国南北海岸线的中点,是中国江海航道线的交叉点,商业往来频繁。开埠前,上海地区就已经是转口贸易的重镇,形成了数个地区性贸易中心。开埠后,随着通商口岸的设立,上海的营商环境更加开放、自由和宽松,上海逐渐取代广州成为全国贸易中心和最重要的对外贸易口岸。新型的资本主义关系和商业模式随着贸易往来流入上海,产生了诸多新式

---

① 2017年全国两会书记省长说[J]. 广西经济,2017（3）：5-13.

行业,如规模较大的京货店、洋货店以及以它们为基础发展形成的百货业,还有以经销洋货为主的洋布业、五金业、西药业、颜料业、呢绒业等。上海传统商业行业也开始采用经销、代销、包销等多种从西方传来的新式经营管理方式,以农产品经销为主的传统商业行业也由单纯内销转变为内销加出口。新的商业模式也随之而来,出现了集吃、穿、住、用、玩等,兼具销售、展示等功能的百货公司。这类百货公司早期由外商开设,如福利、惠罗、汇司、泰兴"前四大公司",集中在南京东路四川中路路口附近。自1917年开始,先施公司、永安公司、新新公司、大新公司"四大公司"在公共租界内主要的交通干道南京路上接连建立,形成了上海百货零售业聚集的新中心,带动着整个城市零售业的繁荣发展。依托江海的资源禀赋,在历史发展的长河中,"商"的文化和精神已经深入上海的骨髓。这个以"商"为灵魂的城市注定与以军事重镇或是政治中心著称的城市相比,具备更加开放的性格和更强的流动性。所以,上海能够以广阔的胸襟和开放的心态接纳着从世界各地而来的商业移民和商业文化。在本土商业文化与外来文化的碰撞、影响和交融中,形成了具有独特性格的海派商业文化。

1949年到改革开放前,上海的商业设施基本没有新增,零售业的发展水平也基本长期处在初级水平,零散的零售网点难以满足居民的消费需求。值得庆幸的是,在近代就已经根植在上海这座城市血液中的海派商业文化、消费文化,一旦有些许机会,便会苏醒发芽。而改革开放正是点燃蓄力在上海体内已久的商业活力和激情的火苗,一触即发,一发便不可收。1979—1990年,上海由"生产型城市"向"消费型城市"转型,上海海派商业文化、消费文化苏醒,商业迅猛发展,以百货为主导的商业项目逐渐走向现代化、国际化。1992年随着社会主义市场经济体制的确定,中国零售业逐步对外开放,上海零售业初步实现了现代化和市场化,在零售业创新、转型和升级的脚步再也没有停止,开创着一个又一个的"第一"。上海再一次抓住了开发开放浦东的新机遇,加快产业结构调整,优先发展第三产业,使得商业得到持续快速发展。

随着互联网时代的到来,传统零售受电商的挤压,发展出现瓶颈;而面对用户增长和流量红利的萎缩,传统电商的发展也出现增长瓶颈。"互联网+"同时给传统零售和传统电商带来新的机遇,即通过实体与互联网的融合,催生新的商业生态。这种商业生态打破了线上和线下的边界,同时也打破了产业之间、行业之间的边界。2020年,疫情给全球经济带来重创,而中国则是2020年世界主要经济体中唯一一个实现经济正增长的国家。当下这个时期,依托线上线下结合的零售业更是展现出较强的潜力,尤其是在线新经济、新零售概念提出后,新零售已经成为有效开展疫情防控、经济复苏的方式和拉动消费新需求、培育经济新增长点的手段。

新零售,是以互联网为依托,通过运用大数据、人工智能等先进技术手段,对商品的生产、流通与销售过程进行升级改造,进而重塑业态结构与生态圈,并对线上服务、线下体验以及现代物流进行深度融合的零售新模式。① 从对新零售的定义来看,新零售是围绕消费者体验的升级和对消费者数据的沉淀,通过实现"线上+线下+物流"模式的体系建设和数据互通,更好地连接客户和服务客户。

2021中国国际零售创新大会将消费、零售提到了一个新高度,提出在"十四五"时期,上海将以品质发展为主线,以数字赋能为动力,推动线上线下深度融合,内贸外贸协同联动,商品服务无缝链接,加快形成需求牵引供给、供给创造需求的更高水平动态平衡。② 加快推动消费提质扩容,优化消费购物环境。提升上海消费贡献度、消费创新度、品牌集聚度、时尚引领度和消费满意度。更好发挥消费在推动产业链、供应链和价值链优化升级中的积极作用。③ 要使"上海购物"品牌打得更响、辐射更广,应加快建设具有全球影响力、吸引力和竞争力的国际消费中心城市。但从品质发展、数字赋能来看,上海零售业依然存在着诸多压力和挑战,比如国际消费中心城市建设的政策制度供给不足。上海的"中华老字号"和"上海老字号"是全国老字号品牌数量最多的城市。但是,这些老字号品牌的国际影响力并不大,国际化程度不高,"走出去"的力度也不大。

关于上海零售业的未来,不仅要创新,还要改革。上海需要进一步构建有利于商业创新发展的制度环境,让智慧零售、跨界零售、无人零售等新模式、新业态在这里竞相迸发。④ 新零售是对于传统零售的改造,改变"等待"顾客的被动营销及提高消费过程中的消费体验,同时也是对传统电商的升级,商业思维的转变,即从传统企业经营思维向互联网思维的转变,以及经营模式和商业模式的改变。新零售并不是零售业未来发展的终极目标,而是零售业未来发展的起点和基础。我们尚且无法描绘未来零售业的具体场景,但是我们至少可以勾勒出未来零售业必不可少的几个线条。

---

① 杜睿云,蒋侃. 新零售:内涵、发展动因与关键问题[J]. 价格理论与实践. 2017(2):139-141.
② 《"上海购物"三年行动计划:建设国际消费中心城市》,澎湃新闻-澎湃上海(2021-07-31)。
③ 《2021中国国际零售创新大会在沪举办》,澎湃新闻(2021-05-24)。
④ 向欣. 零售业变革与消费升级[J]. 上海商业,2019(3):11-14.

一、做好产品和保护好产品

无论是新零售还是旧零售,消费者对好产品的渴望是不会变的。那么,什么是消费者眼中的好产品? 好产品就是奢侈品、高端产品吗? 或者说好产品就是单纯质量好的产品吗? 其实都不尽然。好产品实际上是能够满足消费者需求的高性价比的产品。好产品的本质有两个基本要义,一个是满足消费者需求,另一个是高性价比。那么能否做好产品就是判断一个产品生产商是不是具备竞争能力的最基本的标准,而能否将好产品与消费者链接起来也同样是零售商最基本和最核心竞争能力的体现。对好产品的追求,不论是在线下传统零售的时代还是在线上传统电商的时代或是在以线上线下结合的新零售时代都是如此。如何让供需双方对好产品追求的积极性得到保护和鼓励,并保持下来,创立品牌以及对品牌的保护就至关重要。上海非常重视对重点商标的保护,其中不乏上海老字号品牌。早在2018年上海市工商行政管理局就公布了《〈上海市重点商标保护名录〉管理办法(试行)》①,并发布《第一批上海市重点商标保护名录》。至今已经发布共十个批次的《上海市重点商标保护名录》。上海市知识产权局根据新的管理办法《上海市重点商标保护名录管理办法》②,于2021年12月发布《第十批上海市重点商标保护名录》,对进一步营造良好的知识产权保护环境,打造营商环境以及做好产品而言至关重要,也为实现产品的供给需求双方的合作创新,使企业能够根据消费者需求源源不断地生产销售好产品提供了制度政策层面的保护。零售业的发展离不开好产品,如何更好地保护好产品,保护商标品牌和知识产权,为零售业搭建发展的基础是需要持续思考的问题。

二、数字化思维逻辑

2021年3月,十三届全国人大四次会议表决通过的《中华人民共和国国民经济和社会发展第十四个五年规划和2035年远景目标纲要》③,其中第五篇是关于加快数字化发展,建设数字中国。数字化已成为"十四五"时期的主旋律。新零售时代的到来已经打破了线上线下的严格分界,意味着零售业的发展已经和数字化成为一条绳子上的蚂蚱,或者说数字化已经成为零售业发展的必选项。数字化对

---

① 上海市工商行政管理局.《〈上海市重点商标保护名录〉管理办法(试行)》(沪工商规〔2018〕5号)。
② 上海市知识产权局.《〈上海市重点商标保护名录〉管理办法》(沪知局规〔2020〕3号)。
③ 《新华社受权播发"十四五"规划和2035年远景目标纲要》,中国政府网(2021-03-13)。

零售业的影响是革命性的,数字化是智能化了的大数据。从实体零售到在线零售,再到新零售,以及随之而来的各种零售模式的创新,都与数字化紧密相关。

新冠疫情的出现,加快了企业数字化转型的进程,突如其来的疫情带来了从生产者到消费者以及中间供应链等多方的变化,各行各业都在面临全方位的挑战,零售业也不例外。这些挑战包括对未知的无知、对新事物的学习力、寻找线上线下融合方式及具体实施步骤、经营和管理思想的转变、新的数字化商业理念和思维逻辑的建立等。

面对未来数字化的确定性和由数字化带来无数可能的不确定性,企业如何利用数字化提高已有零售模式下资源更高效的配置,以及如何利用数字化实现零售模式的创新,或许才是企业能否置身于行业风口浪尖的命题。与数字化技术相比,数字化思维是更为深刻的逻辑。数字化思维在帮助企业更清楚描绘消费者画像,应对多变、个性化的消费者需求时,也在帮助企业主动创新,引领消费。未来零售业是依靠数字化思维逻辑重构供应链、需求链以及跨界合作模式、商业模式等,在这个过程中发现机会,抓住机会。

三、保持开放、包容和温度

受海派商业文化的影响,上海零售业历经一百多年,跨越 3 个世纪的发展,始终能够以非常敏锐的商业嗅觉、开放的眼光捕捉到国外零售行业的新动态,从国外引进新的零售业态,创新商业模式,走在国内零售业发展的前端,引领着中国零售业的发展。尤其是面对新零售的挑战,不论是上海老字号企业还是零售业的新生力量,都表现出上海海派商业文化中的拼搏精神和开创精神。正如习近平在庆祝改革开放 40 周年大会时的讲话:"历史发展有其规律,但人在其中不是完全消极被动的。只要把握住历史发展大势,抓住历史变革时机,奋发有为,锐意进取,人类社会就能更好前进。"对于上海零售业而言,它的发展规律至少包括了不断的改革创新和包容开放。上海之所以能够始终保持着创新的激情,与自近代开埠后逐渐形成并经过百余年发展沉淀的海派商业文化密切相关,长达 100 多年的发展,不论是对西方经营管理方式的吸收引进,还是对移民文化的包容接纳,或是满足当地消费者开创的 24 小时上海星火日夜食品商店,无不体现着上海开放的眼光、包容的心态和有温度的情感。

中国国际进口博览会正是新时代下进一步改革开放的产物,中国国际进口博览会是由中华人民共和国商务部、上海市人民政府主办的世界上第一个以进口为主题的大型国家级展会,旨在坚定支持贸易自由化和经济全球化、主动向世界开放市场,也给零售业的发展带来新机遇。[①] 中国国际进口博览会不仅是一种物理空间意义上商品交易达成与商品聚集的平台,更是国际采购、投资促进、人文交流、开放合作的综合平台,其本质是中国市场经济、中国零售业进一步对外开放的决心和自信,是道路自信、理论自信、制度自信和文化自信的具体表现。习近平在第四届中国国际进口博览会开幕式上的主旨演讲中讲道:"中国将更加注重扩大进口,促进贸易平衡发展。中国将增设进口贸易促进创新示范区,优化跨境电商零售进口商品清单,推进边民互市贸易进口商品落地加工,增加自周边国家进口。中国将推进内外贸一体化,加快建设国际消费中心城市,发展'丝路电商',构建现代物流体系,提升跨境物流能力。"[②] 上海零售业占据天然地缘优势,可以利用好中国国际进口博览会这个平台,以国际化视野面对未来更加复杂多变的新商业环境,在发展中求创新,在变革中求机遇。

四、以人为本,方得始终

"人""货""场"中的"场"随着零售模式的变化而变化,从早期的毫无存在感,到"渠道为王"时代的主导作用,再到早期互联网时代经过升级迭代后的强主导作用。"场"的作用之所以能够不断增强,是因为当时的消费场并不多,线上消费场景入口是十分有限的。如今,随着消费场的增多,已经很难再通过物理层面的链接提高效率,便有了对"场"的反思。"场"的中心化结构地位开始动摇,"人"与"货"之间的连接关系被重新构建,"去中介化""去中间商"的现象正发生在很多行业中。"场"的"去中心化"直接导致定价权从渠道转到了消费者手中,消费者主权开始得到尊重。未来,消费者需求将驱动供给端创新,如何敏锐地捕捉不断变化的消费需求,并快速回应,将会是体现零售企业核心竞争力的重要方面。这个过程实际上是消费者在推动企业变革,也更加贴近商业的本质,即以人为本,以客户为中心,凸显客户价值。

---

① 展会概况,中国国际进口博览会(2018-04-19);展馆战区,中国国际进口博览会官网(2017-11-03);中国国际进口博览会,新华网(2018-11-04)。
② 《让开放的春风温暖世界——在第四届中国国际进口博览会开幕式上的主旨演讲》,新华网(2021-11-04)。